JUEGA EL PARTIDO DE TU VIDA

JUEGA EL PARTIDO DE TU VIDA

EL CAPITAL HUMANO Y EL TALENTO RESIDE EN LAS EMOCIONES

María Joaquina Feliu Pérez
Ignacio Cañaveral Ladrón de Guevara

2ª Edición: octubre 2015

Juega el partido de tu vida
Ignacio Cañaveral Ladrón de Guevara
María Joaquina Feliu Pérez

Editado por:

PUNT●ROJO
Cuesta del Rosario, 8
Sevilla 41004
España
902.918.997
info@puntorojolibros.com
www.puntorojolibros.com

Impreso en España, 2015

ISBN: 978-84-16513-83-3

Producción: Punto Rojo Libros

Índice

"No hemos de creer en lo dicho, simplemente porque fue dicho;
ni en las tradiciones, porque han sido trasmitidas desde la antigüedad;
ni en los rumores;
ni en los escritos de los sabios, porque han venido de ellos;
ni en las fantasías, que se suponen haber sido inspiradas por un deva;
ni en las deducciones basadas en alguna suposición causal;
ni por lo que parece ser una necesidad analógica;
ni por la mera autoridad de nuestros instructores o maestros,
sino que hemos de creer cuando lo escrito, la doctrina o lo dicho,
está corroborado por nuestra propia razón y conciencia.
Por eso, enseñé a no creer lo que oyen decir, sino que,
cuando lo crean conscientemente,
actúen de acuerdo y plenamente".

El Señor Buda
Del libro de Alice A. Bailey sobre iniciación humana

*"No es un libro,
es un lugar al que viajarán
en repetidas ocasiones
a lo largo de sus vidas".*

*"Es una reflexión emocional.
Olvídense de leerla.
Tienen que sentirla en su interior
si quieren que realmente les trascienda".*

¡Escúchenla!

Joaquina e Ignacio

Agradecimientos

Muchas son las personas a las que queremos mostrarles nuestro más sincero e infinito agradecimiento, ya que por el simple hecho de estar ahí, han servido para que no desvaneciésemos en la siempre ardua labor de expresarnos mediante el viaje que les proponemos a continuación plasmado en forma de libro. Su estar ahí merece sobradamente su rincón de gloria en estas líneas y que premiamos con nuestro recuerdo, ya que parte de esta obra les pertenece de pleno derecho por el tiempo que les hemos robado.

No personalizamos en nadie nuestra gratitud, los que bien nos conocen saben que no lo necesitan. En estas líneas estáis todos y cada uno de vosotros. Lo sabréis mientras viajáis por nuestras experiencias emocionales porque así lo sentiréis en vuestros corazones, ahí donde residen los secretos del *Alma*. Porque es en los momentos que hemos compartido día a día donde anida la llave de vuestro tesoro. Llave forjada con el oro de la amistad y con la que nos habéis abierto vuestro corazón y el cofre que contiene miles de monedas de la paciencia. Un millón de gracias.

Familiares, amigos, compañeros de trabajo y en definitiva, a todos los individuos que canchan por el mundo jugando el partido de sus vidas, que con sus virtudes y limitaciones hacen cada día más la razón de ser de los lugares a los que viajaremos. Porque de vosotros nace la inspiración y el sentido de este libro con el que queremos contribuir con nuestro granito de arena hacia una mayor humanización del mundo en el que vivimos. Humanización trabajada desde lo individual de cada uno de nosotros para que su expresión en lo colectivo alcance una intensidad infinita de magnificencia. A todos, millones de gracias por ser como sois, con la grandeza de vuestros errores. Dedicamos esta obra a todos y a uno. A cada individuo porque en la intención de leerlo demuestra su sabiduría para abrirse hacia nuevas extensiones de conciencia emocional.

Mención especial de Joaquina

En este caos que llamamos *existencia, vida*, todo se sucede de acuerdo a un plan establecido, como si fuéramos marionetas de algo que no se sabe qué es, teatro, partido, en el que un día nos vemos metidos. Es así como un día conocí a uno de los actores de reparto más que interpreta conmigo el papel de mi vida, Ignacio. *Feeling* desde el primer momento. Sincronía, empatía, complicidad, pero sobre todo intuición de saber que era de esa especie de humanos guerreros que, inmerso en un mar de conflictos, tenía que aprender a ser el mismo y aportar lo que en el reparto de papeles le habían asignado. Ese propósito más allá de nuestras voluntades que nos guían sin más. Aprender a seguir sin cuestionarse el *porqué*, sólo el *para qué* de esa experiencia o etapa en su papel interpretativo de la vida.

El día que me propuso ser colaboradora con él en este libro, no lo dudé. La vida me estaba dando la oportunidad de integrar los dos papeles que juego, el empresarial y el de terapeuta o *coach*. Magia que día a día me sorprende y que aparece sin más.

> El Dr. Carl Gustav Jung, al que nos referiremos más tarde, descubrió la presencia de ciertas *coincidencias significativas* entre acontecimientos psicológicos individuales y diversos aspectos de la realidad consensual, es decir, todas aquellas experiencias internas que se manifiestan al mismo tiempo que ciertos acontecimientos del mundo exterior. Hablamos de sincronicidad.

Reflexión que hago de esas horas pasadas con Ignacio para la elaboración de esta obra, horas llenas de sentido y de disfrute y que aunque se altere por mi incapacidad con los ordenadores, no puedo dejar de decir que ya sin salir al mercado es todo un éxito, pues he podido conocer más a este hombre singular que es Ignacio, acercarme a sus ambiciones, entender su gran imaginación, a valorar su ímpetu, aplaudir con sonrisas sus momentos de humildad y sobre todo, a saborear cada vez con más ganas su amistad. Le deseo todo lo mejor en su partido pero sobre todo que siga siendo él mismo porque así es un ser excepcional.

Mención especial de Ignacio

Muchas son las cosas que me han sucedido a estas alturas de la vida. Aunque no tan importantes como las suyas, sí quisiera al menos aprovechar unas líneas para compartir con ustedes una de las más enriquecedoras de esta vida, viajar. Viajes que por diversos motivos han proporcionado experiencias únicas que me han precipitado hacia realidades bien distintas. Realidades que te invitan a tomar conciencia y acercarte aún más si cabe a la verdadera dimensión del mundo en el que vivimos.

La India, Filipinas, África y otros lugares que me han mostrado la cara de la miseria, el terror de la pobreza, miles de niños necesitados de cualquier tipo de ayuda que ustedes puedan imaginar, etc. Situaciones vividas que me impactaron de manera sorprendente. Al volver a casa, cosas tan sencillas como darle al interruptor de la luz, y esta se encendía; o abrir la nevera encontrando respuesta para comer y beber, hacían que mis sentimientos se divorciasen. Alegría por un lado al tener la suerte de haber crecido en una familia en la que nunca me faltó de nada, pero impotente y triste por el otro ante tanto desequilibrio en el mundo. He visto personas abandonadas a su suerte tratando de sobrevivir como buenamente pueden. Hechos que me producen repulsión al observar cómo el ser humano desde su materialista individualidad no pone más de su parte para que este sea un mundo mejor para todos.

No pretendo aburrirles con cuestiones caritativas, que cada uno participe en la medida de lo posible en estos asuntos del prójimo, pero cuento esto para que al menos se hagan la siguiente pregunta: ¿Por qué será que sólo somos conscientes cuando el infortunio nos visita en nuestra propia casa? Verdad aquella la de *"Nadie escarmienta en cabeza ajena"*. He aquí uno de los grandes propósitos de esta obra, que contribuya con aquellas personas e iniciativas necesitadas de algo más que la caridad y con la esperanza de que sirva de guía como instrumento educativo para aquellos en que las circunstancias de la vida les han conducido a situaciones limitantes.

Benditas las largas esperas en aeropuertos que me han brindado muchos de los pensamientos de esta obra. Horas de vuelo que me han regalado el tiempo para observar y escribir, pero sobre todo, momentos de inspiración a los que he llegado estando ahí arriba mientras en la tierra todo seguía siendo un caos maravilloso de oportunidades de esta vida *presente*. Quizás por esto debería dedicarles al menos un minuto de gloria a aquellas compañías aéreas por poner en esta obra su granito de arena y sobre todo por hacer que siempre, tarea difícil, llegase a mi destino favorito. Aquel donde se encuentra mi familia, amigos y seres queridos. Tiempo robado que nunca vuelve y que les seguiré robando, sí o sí, por mi tozuda perseverancia y fidelidad a mis compromisos. Espero sepan siempre perdonar mi egoísmo de servir y ayudar a crecer a aquellos que así lo desean y lo necesitan.

Deseo dedicarle unas breves líneas a dos de las personas que tienen un significado vital y que consienten la silueta de este libro que hoy tienen en sus manos.

La primera de ellas, Joaquina, mi gran guía emocional y promotora para que comenzase la obra que hoy tienen en sus manos. Obra que irremediablemente no tenía sentido sin su aportación. Alegría la que siento al dejar atrás tantas horas en las que sus enseñanzas y su dedicación por compartir todo el conocimiento que posee, amén de su constante apoyo incondicional, han hecho que llegase a comprender que soy un *Ser* corriente de este mundo que tiene sus virtudes y sus defectos, pero con sanas inquietudes de conocerse aún más. Deseoso de seguir aprendiendo sobre los estados emocionales por los que viajo en mi día a día. Juntos hemos recorrido todos y cada uno de los registros emocionales que este universo expresa a través del ser humano y si tuviese que destacar alguno de ellos, la respuesta es Joaquina. La esencia que los define a todos. Es el elixir de la conciencia. Nadie mejor que ella para equilibrarles sus estados emocionales. EMOCIÓN pura. Una gota de su esencia basta para que sus almas triunfen en la fiesta de la vida, como le sucedía a *Astérix* cuando necesitaba beber de la pócima del druida *Panorámix* para vencer a los romanos. Y cuando tengan que volver a por más porque el efecto haya desaparecido, no se preocupen, Joaquina estará siempre esperándoles para regalarles otra gota de su preciada esencia transformadora del néctar de la sabiduría. Así que tengan presente que en sus vidas siempre habrá un druida esperándoles. Búsquenlo y lo encontrarán.

La segunda de ellas, Santiago Álvarez de Mon, Santi, como a él le gusta que lo llamen, al que conocí hace cuatro años en un retiro de directivos durante mi peregrinaje en la multinacional Abengoa, y el que más tarde se convirtió "casualmente" en mi profesor de la clase de "*Liderazgo: talento y carácter*" mientras cursaba el Global Executive MBA del IESE. Su intervención en dicho retiro así como sus clases fueron un absoluto mapa de la vida impresos en el pergamino de la sabiduría, de la experiencia consumada en su *Ser*. Santi, individuo que sí destacaría por algo, sería por su *AUTENTICIDAD*. Qué difícil es encontrarse hoy con personas auténticas. Si algún día tienen la oportunidad de estar con él, no hablen. Guarden silencio y escuchen cada una de sus palabras e interioricen cuanta sapiencia junta. Conciencia pura de persona consumada en todo lo que hace y dice. Jamás olvidaré aquella cena después de clases en el campus del IESE de Madrid en la que no hicieron falta preámbulos ni largas y absurdas introducciones. Bastó una mirada suya al inicio de mi conversación, cuando con una sola palabra fue capaz de contestar a todo lo que ni siquiera todavía había empezado a contarle. Como si me hubiese leído el pensamiento y hubiera visto un vídeo de toda mi vida, para que con esa sola palabra, diera en el clavo de todo un pasado. Palabra que nunca estuvo en el diccionario de mis problemas. Es aquí donde reside la grandeza de Santi. No solo por lo que dice o por lo que hace, sino porque eso demuestra que lo ha vivido, lo ha sentido, y por eso, lo ha transformado. Gracias por ser auténtico. Qué regalo más grande das a aquellos que no lo son. Persona de fácil complejidad que no hace más que provocarte habilidosamente para que le sigas en este camino de la excelencia. Como pocos, da y da sin límites.

Termino mi agradecimiento haciendo referencia a una de las citas del libro de Santi, *"Con ganas, ganas"*, con la que brillantemente acierta cuando cierra su obra bajo el título *"la aventura de ser persona"* y que viene a inspirar libros como el que hoy tienen en sus manos con el que hemos querido contribuir humildemente en honor a la complejidad que la vida encierra.

"No son esperanzas ajenas las que tienes que colmar..¿Que no te entienden? Pues que te estudien o que te dejen; no has de rebajar tu alma a sus entendederas...

Si la fórmula de tu individualidad es complicada, no vayas a simplificarla para que entre en su álgebra; más te vale ser cantidad irracional que guarismo de su cuenta".

Miguel de Unamuno

Los que bien nos conocen saben de sobra que no hemos reculado un solo día en nuestro empeño de crecer como individuos en todos los ámbitos de la vida. Atrás queda un largo y duro camino que nos ha conducido hasta la obra que hoy tienen en su poder, y con la serenidad de que todavía quedan muchas carreteras comarcales y pueblos que nos llevarán finalmente a viajar por la autopista del saber vivir la vida con sabiduría. Ahora bien, conscientes de que el mero hecho de haber llegado hasta aquí, es ya y será siempre un éxito.

Sabedores de seguidores y detractores, no importa lo que pase. Desde este preciso instante la obra que tienen en sus manos ya es pasado. Pasado en forma de *presente* cuya grandeza reside en, aun teniendo la oportunidad de volver atrás y de poder cambiar algo, bajo ningún concepto accederíamos a la tentación de dicha extorsión, sino que en el futuro *presente* emergerá su valor cuando la lean. Mejor aún, cuando la interioricen.

Mención especial de Santiago

Conocí a Ignacio cuando trabajaba en Abengoa, una de nuestras grandes empresas multinacionales. Más adelante nos volvimos a encontrar en el contexto del Global Executive MBA del IESE, un programa exigente que me permitió observar diversas facetas intelectuales y afectivas de él. Allí descubrí un hombre mentalmente joven, emocionalmente honesto, moralmente sólido, espiritualmente inquieto. Tenerle como alumno, mezclado con profesionales heterogéneos procedentes de diferentes países del mundo, fue un placer y un estimulante reto.

Cuando en una conversación mano a mano, ya finalizado el Master, me habló de un nuevo capítulo de su historia personal, uno que tenía que ver con su condición de escritor, despertó mi curiosidad e interés. Enfrente de mi veía al directivo, al alumno, y se dejaba entrever la figura de un pensador libre e independiente en busca de su mejor destino. Ya entonces me habló de su compromiso e intención de escribir sobre sus sueños, inquietudes y aprendizajes más profundos. Su trabajo sería producto de su apasionada y heterodoxa forma de entender la vida, consecuencia feliz de una conversación interior que pedía salir a la superficie. No tuve ninguna duda que así lo haría. Su lenguaje corporal rezumaba ilusión y determinación para acometer una obra personal y necesaria. Cuando meses después Ignacio me llamó y no solo me mandaba el manuscrito del libro, sino que me pedía prologarlo, la iniciativa despertó varios sentimientos. Uno de confianza y admiración hacia una persona que hacía lo que decía que iba a hacer.

Otro de gratitud, me sentía honrado y afortunado por elección tan parcial, típico de un hombre tan apasionado y noble como Ignacio.

Prólogo

La única forma de responder a esta generosidad era enfrascarme en la lectura de las páginas que tienen en sus manos. Bajo el paraguas deportivo de su título se esconde una reflexión profunda y sincera sobre el ser humano.

El título era sugerente, muy propio de un fajador y deportista. Una vez que me adentré en su desarrollo y devoraba con facilidad los distintos tramos de su recorrido, me invadía una sensación de tranquilidad y alivio. No estaba ante un libro más, no me limitaría a cubrir el expediente con algunos lugares comunes. No se trataba de salir del paso y quedar bien con los autores. En seguida fui consciente del alcance real de sus capítulos. Los autores habían decidido iniciar un maravilloso y genuino viaje interior, fiel a su espíritu aventurero, saliendo airoso de empresa tan singular.

Los autores diseccionan con firmeza y delicadeza las conductas y hábitos de hombres y mujeres habitualmente acomodados en los trajes convencionales que esta sociedad solicita y espera. En "Juega el partido de Tu Vida" se analiza con frescura y sensibilidad los porqués de muchas de nuestras reacciones y respuestas. La trama argumental gira alrededor de pensamientos, emociones y sentimientos que en su inconsciencia y desconocimiento atenazan al ser humano, impidiéndole desenvolverse con la naturalidad, energía y confianza que le son propias. En el laberíntico entramado interior de un decisivo partido mental, familiares rivales, internos y externos, (el miedo, el tiempo, la vulnerabilidad, etc...) son observados, expuestos y superados a través de un examen completo, riguroso, sensible y ameno. Desde su yo más auténtico y original, conectan y dialogan con cada uno de sus lectores, facilitando un encuentro enriquecedor en el que está permitido hablar de temores y debilidades.

Además, producto de su capacidad de trabajo y estudio, los autores tienen el acierto de acompañarse de muy buena bibliografía. A lo largo de sus páginas el lector se ve obligado a subrayar muchos de sus pensamientos, tomar apuntes y continuar su periplo de la mano de algunos de autores elegante y oportunamente citados.

En definitiva, enhorabuena por su elección, estimado lector. Estoy seguro que la lectura del "Juega el partido de Tu Vida" no le dejará indiferente. Es más, será un estímulo adicional en la hercúlea empresa de reconocer y disfrutar su verdadera esencia e identidad. Quien soy, quienes somos, pregunta eterna y universal, es la interrogante que inspira todos y cada uno de los párrafos aquí contenidos. El mero hecho de haberse atrevido a formularla guarda un indudable valor.

Enhorabuena a todos, autores y lectores, por la animada charla que mantendrán a través de este libro.

Y gracias de corazón por el privilegio y gozo de haberme pedido un prólogo que he escrito encantado y agradecido.

Santiago Álvarez de Mon

Madrid, diciembre 2011

Santiago Álvarez de Mon es profesor del IESE, licenciado en Derecho por la Universidad Complutense de Madrid, doctor en Sociología y Ciencias Políticas por la Universidad Pontificia de Salamanca y máster en Economía y Dirección de Empresas por el IESE. Ejerce como consultor de empresas en temas de coaching, gestión de equipos y liderazgo.

Es autor de varios libros, como *El mito del líder* (Prentice Hall, 2009), *Nos soy Superman* (Prentice Hall, 2007), *La lógica del corazón* (Deusto, 2005) o *Desde la Adversidad: liderazgo, cuestión de carácter* (Prentice Hall, 2003), así como de numerosos artículos y trabajos de investigación. Es colaborador habitual del diario Expansión.

Descifrando el papel a interpretar en el partido de tu vida

Esta obra tiene su origen en uno de esos momentos por el que transitamos cualquiera de nosotros a lo largo de nuestras vidas. Momentos en los que comenzamos a plantearnos cuál es el sentido de muchas de las cosas que hacemos a diario. Períodos en los que las dudas florecen por todas partes, dónde la incertidumbre y la inseguridad se apoderan de nuestros pensamientos y por tanto de nuestras vidas. Sueños rotos, objetivos no alcanzados y una y mil preguntas que no somos capaces de responder. La cabeza nos da vueltas y vueltas sin más arruinando nuestra capacidad de retomar las riendas de nuestro propio destino.

> *"¿Quién soy?*
> *Estoy tratando de averiguarlo"*
>
> **Jorge Luis Borges**

El viaje que iniciamos a continuación nos llevará por todo tipo de situaciones en las que usaremos ejemplos a modo de símil. A veces con el deporte ó el cine y otras con el mundo de la empresa. Todos ellos como ingredientes populares para que interioricen las experiencias vividas por nosotros los autores y que deseamos lleguen de forma sencilla para todos. Les invitaremos igualmente de modo analógico a recorrer el mundo de la música para que trasciendan sus experiencias a través de nuestra mesa de mezcla emocional.

Tendrán que componer su propia canción de la vida, sintiéndola y emocionándose con ella. Imagínense por un momento el ecualizador de un aparato de música (Figura 1). En él observamos como agudos y graves se mueven en una dirección u otra en función de los sonidos que cada canción tiene. Cada uno de nosotros somos una canción que hemos de sintonizar emocionalmente y en donde cada emoción viene a expresarse dentro de su propio ecualizador individual. Este procesa nuestros sentimientos dando forma a los diferentes estados emocionales modificando a su vez el contenido de sus frecuencias en función del registro emocional que procesa.

Una emoción posee distintos grados de amplitud e intensidad en función del individuo que la expresa. Cada emoción la sintonizaremos dentro de su propio ecualizador pero al mismo tiempo ésta deberá ser emitida con el mismo grado de frecuencia que el resto de emociones de manera que cuando todas estén sintonizadas, los sentimientos que salgan de nuestro interior presenten un equilibrio emocional acorde a las circunstancias de cada momento. A lo largo de este viaje veremos cómo nuestros registros emocionales tienen a su vez sus diferentes niveles de agudos y graves. La mezcla de todo esto nos dará nuestro ADN emocional, nuestra MARCA EMOCIONAL.

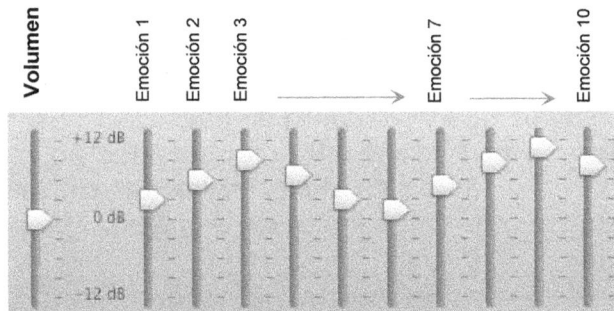

Figura 1

Dejamos atrás nuestros éxitos, nuestros fracasos, decepciones, conflictos, lecciones aprendidas, pero al mismo tiempo sabiendo que dichas experiencias forman parte de nosotros. Conscientes de pertenecer al tercer tipo de humanidad, los que han decidido dar en lugar de tomar. Instruidos en muchas de las formas que hoy canchan por el mundo, entendemos que este servicio no requiere no poner nuestros límites y saber de nuestras necesidades, sino en entregar lo que somos. Siendo tan sólo eso, una parte más del todo, una pequeña unidad en la *unidad Una*. Individualidad dentro de la *unidad*. No somos más que una pequeña partícula del caos universal. Consciencia de ser una gota de agua en este mar universal donde la muerte es la que nos lleva a la organización final. Porque la vida es el regalo divino que no sabemos aprovechar, que malgastamos en cosas inútiles y en pensamientos infructuosos. Cielo entendido como paz, amor, consciencia, eternidad, pero sabiendo que en el ahora tenemos que seguir jugando el papel que nos ha tocado interpretar.

Como desvelaremos más adelante con el principio hermético de "*causa y efecto*", nada es por casualidad. Toda causa tiene su efecto, todo efecto tiene su causa. Hay muchos planos de causalidad pero nada escapa a la ley. La suerte o azar no es más que un nombre que se le da a la ley no reconocida. Por eso hoy hacemos realidad nuestro sueño de escribir uno de esos libros que sirva para ayudar a comprender la complejidad de las relaciones humanas no solo en el contexto de nuestra vida personal sino en el ámbito del mundo empresarial en el que nos movemos a diario.

Complejidad ésta entendida desde el propio *Yo* del individuo, y no desde la cultura e idiosincrasia corporativa de cada una de ellas. Laberinto a recorrer desde lo más profundo del comportamiento del *Ser* de los seres humanos, para que cada vez que vuelvan a leer este libro, puedan ver como todo lo aquí expresado se repite una y otra vez sin importar el tipo de organización en la que se encuentren en ese futuro *presente*.

A lo largo de sus vidas pasarán por diferentes situaciones. Tendrán que aprender a interpretar diferentes papeles. Cuando repitan la lectura de este libro, su verdad les será revelada. Seguramente su posición en el campo de juego del partido de sus vidas haya cambiado, y en ese futuro *presente*, verán cosas que antes no eran capaces de ver ni de comprender. A medida que avancen en sus vidas adivinarán que las reglas del juego cambian, reglas que explicaremos más tarde, por lo que las capacidades y habilidades interpretativas tendrán cada vez un mayor grado de exigencia.

Estamos ante un mundo que actúa, actúa y actúa. Las tecnologías están poniendo al alcance de la mano mecanismos peligrosos para la acción expresadas éstas en sus tres formas más comunes y con un mismo botón para todo: *Intro*; *Aceptar*; y *Yes*, donde ni siquiera contemplamos las consecuencias que tendrán nuestras acciones. La rapidez con que esto ocurre puede llevar al colapso mental de muchos individuos, que creyéndose más evolucionados, listos, por el uso de éstas, no se dan cuenta de que lo que realmente hacen es volver a su estado más primitivo. Les quitas la *blackberry*, el *iphone*, el ordenador, la conexión a internet y no son nada ni nadie.

En una ocasión escuchamos que harían falta 1.500 años de vida para que una persona pudiese ver todas las horas de video colgadas en *youtube*. Cierto ó no, juzguen ustedes hasta donde llegaremos, pero seguro de que los hijos de nuestros hijos se encontrarán con un escenario de la vida totalmente diferente. Al menos en nuestras manos está lo que queramos dejarles como legado para que cuando les llegue el momento sepan interpretar el papel de su obra.

Si hay dos cosas que van en contra de ser tú mismo y empezar a jugar el partido de tu vida, es el miedo a ejecutar lo que somos y la incapacidad para pararle los pies a los demás. Por eso construimos una personalidad en base a lo que creemos que los demás esperan de nosotros. Esperando a un reconocimiento que nunca llega para al final entender que después de una dura y larga experiencia, que si uno no se valora, como entonces esperamos que los demás nos valoren.

> Un ejemplo de lo que aquí deseamos instruirles pueden verlo en la película "El Cisne Negro" protagonizada por Natalie Portman, en la que tiene que interpretar dos personajes diferentes en uno solo. El inocente Cisne Blanco y el no tan inocente Cisne Negro, en el que tendrá que convertirse para conseguir el papel de su vida. Al igual que en esta película, abordaremos la importancia de aceptar la existencia de la luz y de la sombra, en definitiva polos opuestos y complementarios sumamente necesarios para el devenir de nuestras vidas.

El éxito en la vida no depende solamente de nuestras habilidades y entrenamiento personal, sino también de nuestras decisiones para aprovechar las oportunidades que se nos presentan. Estas oportunidades se crean en la vida. Ellas no vienen por azar como les hemos adelantado. Todas las oportunidades que surgen en nuestro sendero han sido creadas por nosotros mismos, ya sea en la actualidad o en el pasado. Por ello y dado que uno mismo se ha ganado dichas oportunidades, de cada uno de nosotros depende aprovecharlas al máximo.

Si hacemos uso de todos los medios externos accesibles así como de las habilidades naturales para vencer cada obstáculo que se nos presente, desarrollaremos los poderes que se nos han otorgado. Poderes ilimitados que fluyen de los potenciales más íntimos de cada individuo. Poseemos el poder de pensar y el poder de la voluntad. Interpretar el papel consiste precisamente en saber utilizar al máximo estos poderes.

Sí hay algo único en esta obra que debe diferenciarse del resto, no es lo que aquí escribimos, sino la reflexión honesta que cada uno de ustedes haga a la hora de identificar los sentimientos que describimos, poniéndose en la situación personal que la vida les ha hecho sentir según lo aquí planteado. Hay que sentir cada uno de los registros que están instalados en nuestra memoria. Estados emocionales que no hacen más que arruinar la existencia de muchos de nosotros cuando entran en conflicto con nuestra personalidad. Personalidad a la que llegaremos después de viajar por cada uno de los rivales emocionales que interpretaremos.

Ese cambio de registro mental ó desestructuración emocional es algo que cualquiera de nosotros experimentamos a lo largo de nuestras vidas, de ahí que con esta obra pretendemos mostrar el camino para aprender un modo de equilibrarnos emocionalmente.

Por ello este viaje emocional debe empezar a construirse desde la humildad de entregarse libremente al mismo ya que de lo contrario no avanzarán en el conocimiento que les sirva como linaje de su futuro éxito como individuo.

Viaje cuyo destino son las vivencias de nuestras almas gemelas, la de los autores que como la de todos ustedes, compartimos a través de este libro para que quede grabado en el disco duro de sus corazones. Y que la actitud ante el papel de sus vidas pueda ser impresa con anterioridad, creando con ello un destino que estaba instalado en dicho disco duro, de manera que impriman las páginas de su destino creando su día por adelantado, estableciendo su vida intencionadamente, donde sus decisiones son las que crearán su futuro.

> *"Todo lo que somos es el resultado de los que hemos pensado"*
>
> **Buda (563a.C.-483a.C.)**

No se empobrezcan, no van a leer un libro, van a sentir con nosotros. Tómenlo como una experiencia, como un trabajo interpretativo. Abran su corazón a los sentimientos y las palabras que aquí les proponemos, vívanlas plenamente. Escuchen y no lean para que su cerebro emocional se exprese con todo su esplendor, libre, desde lo más profundo del alma, tal cual es, real y verdadero.

Aquellos que verdaderamente quieran comenzar a crear una nueva realidad, realidad que indudablemente trataremos a continuación, les sugerimos cojan papel y lápiz y escriban lo que sienten durante su lectura. Estamos seguros de que tendrán momentos de inspiración que deberían ser anotados ya que es desde lo más profundo de nosotros de dónde sale el verdadero camino que da sentido a nuestras vidas. Sí finalmente se dan cuenta de que lo que han escrito conlleva riesgos y sienten que tienen miedo a tomar esa dirección, entonces ¡Eureka! habrán comenzado el poderoso proceso de la visualización. Imagen que cuando vean en su mente significa que estarán adoptando la actitud de tener lo que desean en el presente. Les afirmamos rotundamente que ese es el rumbo a programar en su brújula emocional. Como dijera Albert Einstein, *"La imaginación lo es todo. Es el avance de lo siguiente que atraerá la vida"*.

Que se lo digan a Johnny Depp interpretando al Capitán Jack Sparrow en "Piratas del Caribe", cuya brújula sólo marcaba hacia aquello que deseaba con todo su corazón. Personaje siempre abierto a las nuevas experiencias siendo en la aventura donde reside el éxito de nuestro papel interpretativo de la vida.

Después de todos estos años preferimos seguir adelante como apuntó el escritor francés y Premio Nobel de Literatura, André Gide, *"Es mejor ser odiado por lo que eres, que ser amado por lo que no eres"*. Así que con la esperanza de que el material que tienen en sus manos, sirva como musa para ayudar a aquellos que el conocimiento de sus emociones todavía no ha llamado a sus puertas.

Esperamos que la presente obra a pesar de sus limitaciones sea del agrado en toda su extensión y contribuya a la comprensión de sus emociones, pero sobre todo deseando que les sirva como inspiración para advertirles sobre la magnitud de la vida de aquellos que han acertado a elegir el sendero de un conocimiento mayor de lo que somos.

"Aunque la verdad de los hechos resplandezca, siempre se batirán los hombres en la trinchera sutil de las interpretaciones"

Gregorio Marañón

*Todos actuamos en la gran película de la vida
y todos tenemos un papel que encarnar,
pero no todos somos capaces de interpretar
el actor que llevamos dentro.*

Joaquina e Ignacio

Capítulo introductorio

Con objeto de poner al alcance de todos los significados que esta obra esconde, nos valemos de esta introducción para instruirles en algunos conceptos que deben ser despejados antes de sumergirnos en el relato de cada partido emocional, ya que sin su comprensión previa, a buen seguro se perderán por el laberinto de sus emociones. Condiciones *sine qua non* a modo de reflexiones para registrarse en la liga de las emociones.

En un primer instante abordamos la importancia del viaje, no del destino, ya que en el hecho de viajar reside la sabiduría de vivir. Continuaremos explicando las reglas a tener presentes para jugar en dicha liga. En tercer lugar, advertiremos que para jugar y sacar lo mejor de un colectivo, se requiere de un proceso de transformación previo que empieza desde la individualidad, del interior de cada individuo. A continuación y tras asumir el diálogo interno, afrontaremos la realidad de cada partido. Y por último y en quinto lugar, desvelaremos lo que esta obra viene a reflexionar más introspectivamente, la importancia del papel de las emociones en el devenir diario a la hora de tomar decisiones.

Nos vaciaremos en los diferentes campos y jugaremos los diferentes partidos emocionales de la vida. Afrontaremos estos enfrentándonos cada vez a un rival diferente. Rival consistente en una reflexión emocional cuyo objetivo es despertar nuestra conciencia emocional. Se trata este rival ni más ni menos que de nuestro propio *Yo*. Aprenderemos a observar sus limitaciones, o sea, las nuestras, para ver el modo de poder superarle si no en ésta, quizás en otra ocasión.

I. Lo importante es el viaje, no el destino

Muchos son los caminos que podemos tomar para conseguir aquello que nos proponemos. No pretendemos mostrar esos caminos que

aparentemente llevan al éxito, sino aprender a identificarlos, a movernos por cada uno de los callejones que la vida nos pone por delante y a
decidir el rumbo que queremos tomar. Pero más aún si cabe, a aprender a vivir caminando y a saber asumir las consecuencias del camino
elegido, en definitiva a *"Jugar el partido de tu vida"* y que reside en tu
interior.

> *"La humanidad está de una manera continua «camino
> de». La ida y la vuelta en cualquier actividad humana pue-
> den reconocerse como un camino en el que se desarrollan
> potencialidades físicas o espirituales o, por qué no, ambas
> a la vez"*...
>
> ...*"Y es que al final de cualquier ruta hay un lugar de
> llegada. Pero aun cuando el destino sea llegar a una meta,
> en el propio hecho de hacer camino el hombre goza y sufre,
> desgasta a su ser y alimenta su espíritu, vive y, en su vivir,
> despliega los valores de su humanidad"*.
>
> **Camino de Santiago, Patrimonio Mundial**
> Textos de José Manuel García Iglesias

El texto que recogemos del camino de Santiago, como a bien reci-
tara Antonio Machado; *"Caminante no hay camino, se hace camino al
andar..."*; nos inspira hacia nuestra primera reflexión para afrontar todo
tipo de partidos. No importa el destino. El estado en el que nos encontremos es con el que viajaremos. Iremos a entrenar o a trabajar con
dolor de cabeza. Jugaremos en terrenos buenos y malos. Sentiremos
la amargura de la suplencia y hasta perderemos. Todo para que al final
tomemos conciencia del momento que nos toca vivir en ese preciso
instante de nuestras vidas.

Un camino que no debe ser otro sino el de vivir día a día con la ilusión de que lo que estamos haciendo es lo que realmente queremos.
Lo que nos gusta, lo que nos apasiona, lo que nos importa de verdad.
Porque de ser así, disfrutaremos con ello de tal manera que sin darnos
cuenta estaremos sumergidos en el entrenamiento diario para cosechar
el éxito más grande que jamás podamos conseguir, jugar *"La Champion
de la Felicidad"*. En ello reside la alegría de vivir.

Exprimiremos el cómo debemos prepararnos para afrontar el mayor
número de partidos que nos lleven algún día, quién sabe, a ganar la
gran final, pero sin olvidar que el éxito ya está en llegar a ella y jugarla,
en pasárselo bien.

> *En uno de nuestros encuentros con Lolo Sainz, ex entrenador de la selección española de baloncesto, en sus charlas sobre "Equipos de Alto Rendimiento", afirmaba que el ganar ha sido siempre la manera de medir el éxito.*

Estamos seguros de que ganar ha sido, es y seguirá siendo una forma de medir el éxito. Aunque en este viaje de la vida advertiremos sobre el éxito que no busca más que el reconocimiento de los demás y el ensalzamiento del *Ego* del individuo, para que el día que dejen de ganar y no reciban el aplauso como recompensa, hecho que hemos podido comprobar en multitud de deportistas y directivos cuando sus carreras han terminado, no entren en estados depresivos irreversibles que echen por tierra todo lo ganado con anterioridad. Estos cambios hay que aprender a asimilarlos de forma natural, de lo contrario les producirán conflictos y crisis que cada vez les resultarán más difíciles de superar si antes no han digerido acertadamente el alimento de sus emociones durante la excursión de vivir sin importarles el destino final.

Viaje de reflexión emocional que les ayudará a afrontar esos momentos de desajuste de la personalidad, la desestructuración del alma. En definitiva, a comprender buena parte de los motivos que causan dichos momentos de crisis interna.

Sabiduría de realizar un viaje sin importar el punto de llegada ya que este les será dado, sino de disfrutar viajando, jugando y hasta trabajando. Se darán cuenta de que cuando hay que llorar, se llora; cuando hay que reír, se ríe; y que cuando tenemos miedo, toca tener miedo.

II. Las pautas del juego: detrás de todo se esconde un patrón

Todos expresamos nuestros sentimientos a través de las emociones bajo dos fenómenos bien distintos, el *psíquico* y el *fisiológico*.

Desde un punto de vista psicológico hablaremos de cómo las emociones alteran nuestra conducta y de cómo las personas, a través de la memoria, de la mente o del pensamiento, respondemos a dichas emociones. Mientras que desde un punto de vista más evidente como es el biológico, veremos cómo nuestro cuerpo responde ante dichos cambios emocionales manifestándonos su poder a través de lo físico para que nuestro organismo se comporte de manera efectiva. De ahí que nuestro estado mental, como veremos más tarde, influye directamente sobre nuestra salud. Por ello les mostraremos cómo las emociones se generan en el ser humano y cómo se desarrollan, en definitiva, cómo se expresan, su significado o lo que es lo mismo, lo que algunos autores denominan *biopsicología*.

> Según Platón, todas las cosas materiales tienen su modelo y su esencia en otra dimensión en el reino de las ideas. Las manifestaciones materiales así como los valores tienen su raíz en unas ideas que habitan en el cielo empíreo. Estas existen aunque no exista el hombre para expresarlas.

Carl Gustav Jung, médico psiquiatra, psicólogo y ensayista suizo, figura clave en la etapa inicial del Psicoanálisis, posteriormente fundador de la escuela de psicología analítica, advirtió un inconsciente universal y transpersonal al que denominó "inconsciente colectivo". Podemos decir que este inconsciente colectivo es un inmenso almacén de información sobre la historia y la cultura humana que descansa en el psiquismo de todo ser humano. También definió los efectos sobre el individuo y la sociedad de ciertos modelos dinámicos fundamentales. Dinámica esta de la que hablaremos a continuación. Una especie de principios organizativos primordiales del inconsciente colectivo y del universo en general a los que denominó *arquetipos*. Predisposiciones psicológicas innatas similares a los instintos y que como tales debían tener una representación en nuestro cerebro, por lo que Carl Gustav afirmaba que:

> *"son superiores a la voluntad del ego"*, destacando la necesidad de considerarlos como seres que *"no son creados por nadie sino que se crean a sí mismos y tienen vida propia"*.
>
> **Carl Gustav Jung**

Estimados lectores, es así como nos sumergimos en nuestra segunda reflexión. Mientras antes asuman que la vida tiene unas reglas, mejor. Antes interpretarán mejor el papel de la misma. En cualquier cosa en la que se involucren podrán observar todas las reglas que ello implica a su alrededor. Al igual que en la empresa, la política, el deporte, en los juegos, en la música e incluso en las relaciones interpersonales, todo tiene sus reglas. Detrás se esconde un patrón.

Sabedores de multitud de reglas que hay hoy en día, impuestas o no, les invitamos ahora a instruirse en cuatro de ellas por su significado e impacto en sus vidas. Conceptos fundamentales que consideramos a tener en cuenta cada vez que afronten los distintos partidos de sus vidas. Patrones que deberán asumir cuanto antes, los crean o no, si quieren afrontar con garantías de superación personal el resto de sus vidas. Patrones que hemos querido presentarles de la siguiente manera:

---

1. Cómo actúa nuestro **Cerebro**: ¿Qué somos en realidad?
2. Estamos en continua **Evolución**: todo es *Dinámico*.
3. Existen leyes Universales: vivimos en un mundo **Dual**.
4. Más allá del físico tenemos un **Cuerpo Emocional**.

---

1. Cómo actúa nuestro cerebro: ¿Qué somos en realidad?

Para entender lo que somos, nos pararnos a curiosear un poco de dónde venimos y cómo estamos hechos.

Sin adentrarnos demasiado en materias científicas más allá de nuestros conocimientos, ya que para eso existen personalidades del mundo de la medicina y otros campos que explican en profundidad su funcionamiento, pretendemos al menos con esto advertirles de la función que el cerebro tiene y que nos hace reaccionar ante determinados estímulos acogiéndonos en nuestros más bajos instintos. Por ello no quisiéramos dejar de hacer un breve análisis sobre la arqueología de nuestro cerebro, de manera que comprendan qué nos pasa realmente.

Paul D. MacLean, físico norteamericano y neurocientífico, hizo contribuciones reveladoras en los campos de la psicología y la psiquiatría basados en su teoría evolutiva del cerebro triple proponiendo que nuestro cerebro humano era en realidad tres cerebros en uno, el *reptiliano*; el sistema *límbico* y la neocorteza o cerebro *cortical*. Este último es el que alcanza su máximo exponente en el ser humano, el que nos distingue de los animales.

MacLean fue más allá en sus investigaciones, dogmatizando que el cerebro había experimentado tres grandes etapas de evolución, por lo que desarrolló aún más su concepción intentando explicar los procesos emocionales en todos los niveles de esta complejidad, de ahí que dotó sus investigaciones hacia la base neurológica de la emoción.

El primero de ellos es el que codifica nuestros mecanismos básicos de supervivencia. Es compulsivo y estereotipado. Nuestro cerebro primitivo es el que nos vincula con nuestras raíces, nuestras tradiciones, con los rituales, con lo ancestral, con nuestro miedo al cambio y a lo novedoso. Es desde este lugar cerebral desde donde automatizamos todas nuestras respuestas, entramos en la rutina y repetimos. Desde este marcamos nuestro territorio. Explica el porqué de nuestra respuesta a defendernos de cualquier agresión externa. Aquí residen nuestros prejuicios.

El segundo de ellos, el límbico, es el que añade la experiencia actual y reciente a los instintos básicos gestionados por el reptiliano, permitiendo con ello que los procesos de supervivencia interactúen con elementos del mundo externo, lo que resulta de la expresión de la emoción general. Por ejemplo, el instinto de reproducción interactuaría con la presencia de un miembro atractivo del sexo opuesto, esto hace que se generen sentimientos de deseo sexual. Vemos cómo emerge todo lo relacionado con nuestras motivaciones, nuestros apegos y nuestra visceralidad. Es este el que nos garantiza las cuatro grandes funciones para la supervivencia: la agresividad, el alimento, el apareamiento y la autodefensa.

Por último, el remate de nuestra evolución, el cortical. De dimensiones que obligan a arrugarse para tener cabida dentro de nuestra cabeza. Encargado de codificar las emociones específicas fundadas en las percepciones e interpretaciones del mundo inmediato. Los sentimientos de amor hacia un individuo particular serían un claro ejemplo de este tipo de emoción. Este se ocupa del lenguaje, la vista, la audición, de nuestros sentidos. En él se instala la memoria. Es aquí donde rumiamos lo que debemos o no hacer y cómo hacerlo. Es en esta parte del cerebro donde concebimos nuestras maniobras, nivel claramente inestable e imprevisible, ya que desde este lugar creamos y emprendemos nuevos caminos, inventamos. El inconformismo como instrumento en la búsqueda de lo novedoso.

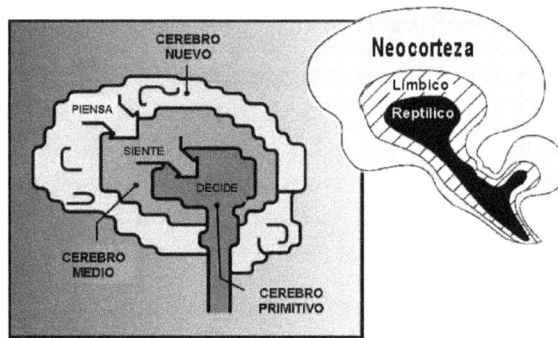

Figura 2.

El Segundo Cerebro

El famoso neurólogo y escritor de ciencia Antonio Damasio, en el décimo aniversario de su obra *El error de Descartes* nos inspira como punto de partida para sumergirnos en las bases neurológicas de la mente así como en la relación entre las emociones y los sentimientos. Se refiere a los sistemas neuronales que subyacen a la memoria, el lenguaje, las emociones y el procesamiento de la toma de decisiones. Estudia los desórdenes del comportamiento y de la cognición, así como los del movimiento. Todo sobre las bases del cerebro.

Dentro de nuestro cerebro límbico existe lo que algunos llaman pequeño cerebro, segundo cerebro o también conocido como nuestro cerebro emocional. El centro de control y operaciones desde donde se elaboran nuestras emociones.

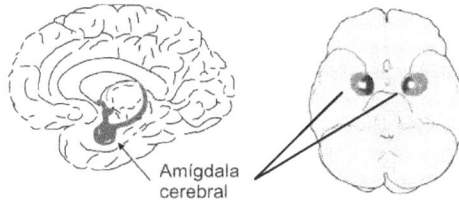

Amígdala
cerebral

Figura 3.

Cuando nuestro cerebro procesa la información que le llega, entonces los estímulos llegan al cerebro emocional, la amígdala, en forma de sentimientos que provocan que tomemos decisiones en un sentido u en otro. La amígdala regula los sentimientos más primarios del ser humano, por tanto regula nuestras emociones.

Este segundo cerebro o cerebro emocional explica el porqué primero sentimos y luego pensamos. En línea con lo anterior, justifica el porqué cuando somos bebés procesamos los estímulos sensoriales, ya que para completar el desarrollo más allá del útero materno tenemos que sentir el mundo antes que comprenderlo.

Esto nos recuerda la película que protagonizó Rebecca De Mornay, "La mano que mece la cuna", en la que lenta y sutilmente desplazó en sus funciones de manera paulatina a la madre biológica, Claire, amamantando al bebé de esta en secreto hasta el punto que cuando Claire necesitaba amamantarle, el bebé la rechazaba. Es la mano que conquista el mundo.

Como les adelantábamos, en esta obra usamos el símil con el mundo de la música tratando de componer una canción. Mesa de mezcla que en nuestro caso contiene diferentes estados emocionales en forma de ecualizadores y que deberemos aprender a sintonizar para producir los sonidos con la intensidad y la frecuencia deseadas. Este centro de control emocional es clave en nuestro proceso de toma de decisiones cuya mano debemos manejar como si de un *joystick* se tratara. La mano que maneja nuestras tomas de decisiones es la *amígdala cerebral.*

Por ejemplo, cuando somos criticados o interpretamos que algo puede causarnos daño o no nos gusta, la amígdala se expresa dentro de nuestro cerebro activando nuestros más profundos instintos de supervivencia. Que esto ocurra significa que se ha elegido el camino de lo emocional, apartando del mismo lo racional. Deberemos pues aprender a gestionar ambos caminos ya que los seres humanos somos el resultado de la *RAZÓN* y la *EMOCIÓN*.

Razón y *Emoción*, ambas siempre en pugna y donde lo emocional siempre pesa más. El reto que aquí les propondremos es que averigüen cómo las emociones les afectan a la hora de responder a las embestidas que sufren a diario, ya que elegimos con el corazón y justificamos con la razón.

En esto reside gran parte del éxito personal de muchos individuos que han sabido mezclar este elixir gracias al conocimiento de sí mismos, de manera que pudiesen ir llegando al discernimiento, percepción directa de la verdad, comprensión sin razonamiento, en donde su mente se hace más sensible y delicada y empiezan a pensar con el corazón y a sentir con la cabeza.

Es nuestro deber conocer los ingredientes que formarán parte del elixir de la vida. Elixir diferente según la ocasión lo requiera y en el que nuestras experiencias se mantendrán en frascos en cuyo recipiente pondremos el nombre de aquello que sentimos cuando lo vivimos. Miedo, tristeza, y angustia entre otras tantas emociones son, como a Chanel, Prada, Carolina Herrera, Boss..., el perfume que nos identifica con nuestra personalidad.

Codificar las experiencias es y será a buen seguro una nueva dimensión que aportará nuevos valores pero que también podrá a posteriori conducir a una más que probable deshumanización. Juzguen ustedes por sí solos el coste personal de todo esto, en ello consiste el arte de vivir, en saber diferenciar cuándo y qué cosas son útiles y facilitan, y cuándo son altamente venenosas como para asumirlas sin más. Ya saben, *"No free lunch" (no existe comida gratis)*.

> En este campo de la Neurociencia tuvimos la suerte de conocer a Mónica Deza, creadora del concepto de "Neuroengagement". Una de las grandes especialistas en esta área y que aborda los principales retos que se están investigando en este campo a nivel internacional. La captura de nuestras emociones es lo que hoy se está intentando con objeto de predecir la conducta del consumidor a través de lo que se denomina el Neuromarketing. Por contra, la discusión está servida en la mesa en el uso que se haga ante una posible aplicación de estas técnicas a costa de todo. Nos adentramos sin duda en la nueva era de la Neuroética.

Razón y emoción, precisamente dos de los tres elementos principales que la neurociencia trata de descodificar. Neurociencia que ha abierto su campo de actuación hacia el mundo de la empresa en áreas como el marketing llegando incluso a atreverse con los asuntos del liderazgo.

La Memoria

La neurociencia no se conforma sólo descodificando nuestra razón y nuestra emoción, sino que va más allá tratando de conocer cómo se activan estos mecanismos en el cerebro. ¿Por qué ocurre? ¿Qué pasa realmente dentro de nosotros? ¿Qué es lo que acontece antes de llegar todo a la amígdala y hace que actuemos de un modo u otro? Para mejor entendimiento de cómo funcionamos desde nuestro cerebro, la neurociencia pretende descodificar el tercer gran estado cerebral, el funcionamiento de la *memoria*.

El médico Mario Alonso Puig, en una de sus conferencias, nos explicó de manera magistral los asuntos que le traen a la memoria en nuestro cerebro, refiriéndose a ella como *"el resultado de la valoración que hacemos cuando procesamos información en el cerebro"*.

Es dicha valoración la que precisamente nos provoca esos sentimientos que se traducen en emociones. Fisiología que se reduce a la percepción que tenemos y hacemos de las cosas.

Este proceso que se juega en nuestra cabeza es lo que llamamos memoria, la cual va edificando registros en nuestro cerebro. Registros que a su vez dependerán del contexto en el que nuestra memoria ha barajado las cartas. Es el contexto el que llama a nuestros recuerdos o creencias al aceptarlos como cierto.

Por ello nuestra misión será la de tomar conciencia para cambiar aquellos procesos cerebrales que quedan registrados en la memoria a través de la valoración que hacemos de las cosas, ya que son muchos de esos registros los que nos limitan. Tendremos que comenzar con un "nuevo proceso de memoria" que instale un nuevo registro a través de datos diferentes. Deberemos abandonar nuestra zona de confort y comenzar a ejercitar nuevas valoraciones empezando por ponernos en el lugar de otros.

Nuestras limitaciones han quedado instaladas en nuestro cerebro creando con ello los registros que hipotecan nuestra futura toma de decisiones, alimentándolas con las experiencias del pasado y que condicionan nuestros actos del presente por la falsa percepción del futuro que crea nuestro pensamiento en el aquí y ahora a causa de esos registros que, en definitiva, no son más que construcciones de nuestra propia memoria.

2. Estamos en continua Evolución: todo es dinámico

Numerosos son los cambios que ha sufrido la humanidad como producto del proceso evolutivo del que somos víctimas. Nadie escapa a nuestra historia en la que la vida apareció hace ya más de cuatro billones de años y en la que los humanos hicimos acto de presencia hace tan sólo 200.000 años. Pero sólo en el ciclo de vida de una generación, en los últimos 50 años, se han producido los mayores cambios que en todas las generaciones anteriores de la humanidad.

Nuestro cerebro ha evolucionado. La amígdala cerebral se vuelve más sensible a los nuevos cambios. Las emociones están evolucionando en y con nuestro cerebro, de manera que la expresión de estas vienen enmascaradas en nuevos formatos desconocidos para muchos de nosotros.

Ken Wilber, autor estadounidense cuyos trabajos se centran principalmente en distintos estudios sobre la evolución del ser humano y en su interés por promover una integración de la ciencia y la religión y en cuya obra articula distintos aspectos de la psicoterapia y la espiritualidad, afirma:

> *"Brevemente lo que propongo es que la psicología del ser humano maduro es un proceso espiral, emergente y oscilante en continuo despliegue, marcado por una progresiva subordinación de comportamientos más antiguos y de orden inferior a otros más nuevos de orden superior, conforme van cambiando los problemas existenciales del hombre".*
>
> **Ken Wilber**

De este modo nos adentramos en lo que se denomina la *dinámica espiral*. Concepto desarrollado a partir de las investigaciones de Clare W. Graves, el cual fue capaz de dotar de perceptibilidad al cómo y al porqué de las tendencias sociales. Es decir, dotó de explicación a la evolución de los diferentes valores sociales donde nadie permanece en un solo estadio evolutivo, sino que atravesamos por varios estadios a lo largo de la vida al mismo tiempo.

Estadios que están en constante proceso evolutivo. Hablamos pues de un mundo dinámico en todas sus formas donde la naturaleza humana no es estática, ni finita. El ser humano cambia conforme las circunstancias de la existencia cambian. Vivimos en un sistema de valores con infinitos modos de vidas disponibles. Nuevos sistemas y nuevas condiciones a las que tendremos que adaptarnos cambiando nuestra psicología y reglas de la vida. Hablamos de expansión de conciencia.

Esta dinámica de espiral viene a representarse (Figura 4); como diferentes etapas que han sido formándose según el tiempo; y con ello nuevas mentes. Es decir, el espiral humano es el resultado de marcos mentales como resultado del proceso evolutivo.

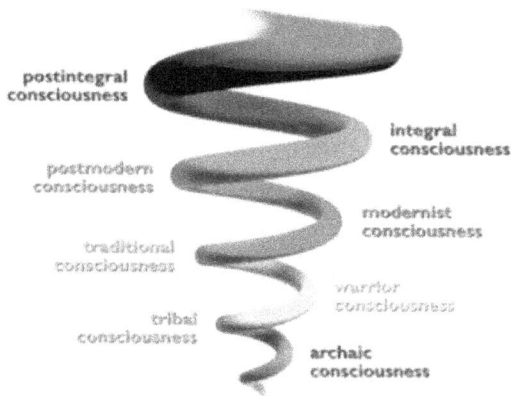

Figura 4.

Dicha espiral nos deja ocho niveles de manifestaciones culturales y despliegue personal cuyo pensamiento ha ido cambiando a lo largo de los siglos. En otras palabras:

En un primer nivel el ser humano ha vivido bajo un pensamiento instintivo y arcaico donde lo importante era cubrir nuestras primeras necesidades: la comida, el agua, la supervivencia, el calor, protección y procreación básicamente.

En el segundo nivel evolutivo estábamos bajo el paraguas de un pensamiento animista y mágico donde las tribus, los ritos, las supersticiones y los rituales eran parte de nuestra manifestación cultural.

A continuación pasamos a un tercer nivel de pensamiento egocéntrico y de poder donde la conquista, la acción, el vive para ahora daban forma a un despliegue personal impulsivo y a la espera de gratificación por ello.

Tanta "guerra" sin sentido propició un cuarto nivel de pensamiento hacia lo tradicional y lo conformista, hacia la autoridad. La manifestación cultural del sentido, las tradiciones, la disciplina y las reglas junto con la moralidad y un vivir para después hicieron su carta de presentación en la sociedad.

El quinto nivel nos llevó a tiempos más modernos con un pensamiento más sobre lo estratégico y el logro. Todo un despliegue materialista y consumista apoyado en el éxito y la imagen. Crecimiento en busca del estatus social.

Seguíamos evolucionando y pasamos a la era de la posmodernidad y del pluralismo, del consenso. Manifestación cultural hacia el igualitarismo y del sentimiento hacia lo auténtico, donde el compartir hizo acto de presencia bajo los conceptos de la comunidad y de la solidaridad.

Dinámica de espiral que nos ha dejado niveles de conciencia bien distintos que forman parte de nuestra herencia evolutiva. Etapas de expansión de nuevas mentes que en cierto modo nos adentran en lo que hoy muchas iniciativas anticipan, una sociedad mucho más integral. El *holismo*, del griego *holos* y que significa; *todo, entero, total*; hace acto de presencia para enfatizar la importancia del todo y que es más grande que la suma de las partes. Propiedad esta de la sinergia. Se avecinan pues cambios en la tierra de mayor carácter espiritual y/o cósmico hacia un individualismo colectivo.

Resumimos pues la dinámica de espiral como un modelo transdisciplinario *bio-psico-socio-cultural* diseñado para la evolución cultural y la gestión basada en los valores y que aborda las proposiciones de la complejidad en el desarrollo de la humanidad. Provee un marco para comprender la evolución de las distintas visiones del mundo.

No es un conjunto de categorías o tipo, sino una representación del flujo emergente del pensamiento humano y de sistemas de valores que oscilan como las mareas, se confunden y colisionan entre sí en un proceso de ser y vivir en el mundo. Efecto este de ventaja competitiva en el que la batalla por conseguir una mayor participación y por tanto una mayor expresión emocional, se esfuerzan por diferenciarse.

Figura 5.

Según los tres niveles cerebrales descritos y aunque también criticados en cuanto a la especialización de cada uno de ellos, cabe destacar que conservan su independencia pero que están comunicados entre sí. La mayoría concluye que la evolución del cerebro ha ido añadiendo mayor flexibilidad a nuestra conducta emocional al habilitarnos para basar dicha conducta en procesos interpretativos complejos y utilizar la solución de problemas y la planificación a largo plazo en la expresión de las emociones. Para responder a estas y otras cuestiones debemos señalar que nuestro cerebro es una estructura física flexible que cambia continuamente con cada paso de aprendizaje y cada experiencia.

Entender la flexibilidad de nuestro cerebro nos lleva a reseñar la importancia del trabajo físico que realiza. Toda una proeza de restructuración mientras sigue funcionando, siendo precisamente esa flexibilidad la que nos permite avanzar, adquirir mayor conocimiento y en definitiva, ampliar nuestro campo de acción. En cualquier caso, esto es la prueba indiscutible de capacidades de adaptación insospechadas en el ser humano. Conociendo esto, nuestros límites van eclipsándose conforme nos afiliamos a la disciplina del trabajo.

Más allá del trabajo realizado por investigadores de la Universidad de Wisconsin-Madison, liderado por el neurocientífico Su-Chun Zhang, queremos rendir homenaje a sus investigaciones como base empírica de lo que con esta obra pretendemos igualmente y que vienen a confirmar la evolución de la dinámica de espiral de los estados emocionales a través de nuestra propia experiencia, y que dan forma a nuestra personalidad.

Este trabajo enlaza con lo descrito sobre el cerebro humano en el que se ha identificado un gen clave regulador del desarrollo de este y que ha sido posible al observar las modificaciones de dos genes que actúan en nuestras neuronas. Todo esto está empíricamente demostrado a través del campo de la neurobiología y viene a confirmar la importancia de las emociones desde que somos bebés, y del porqué cuando realizamos trabajos con grupos sobre desarrollo emocional, tenemos que extraer del individuo aquellas cosas del pasado que han dado origen a nuestra personalidad actual. Cosas que las personas siempre rehúsan de contarlas en un proceso de terapia debido a sus miedos, de los que hablaremos en profundidad en nuestro próximo capítulo.

Un individuo no puede correr y aprender a la vez sino que debe permanecer en un lugar durante un tiempo.

Es en definitiva tomar conciencia de que es posible regular nuestros estados emocionales. Sí, son muchos, por eso hay que ir asumiendo que esto es un proceso de conocimiento dificultoso, ya que cuanto más avanzamos y mejores resultados deseamos, querremos pues ir afinando cada vez más y más. Ambicionaremos la perfección de los sonidos, de la música que suena en nuestro interior. Con cuidado, no corran ya que la perfección no existe, habita en el hecho de intentar sintonizar según las circunstancias lo requieren, y de comprender que no existe lo correcto e incorrecto, tan sólo experiencias, lo he hecho porque así lo he decidido.

3. Existen leyes Universales: vivimos en un mundo dual

Venimos de patrones cerebrales que evolucionan constantemente. A pesar de ello dicha evolución conlleva implícito ciertas leyes que, gusten o no, pasean escrupulosamente por la vida saludándonos a diario.

La Razón aguarda complejidad ante lo complejo. De ahí que la profundidad en algunos de los pasajes de este libro sea intencional, requiriendo de la persona capacitada para jugar el partido de su vida.

A Hermes Trismegisto, alquimista místico y destacado en algunas logias ocultistas y del que se dice anunció el advenimiento del cristianismo, se le atribuye entre sus estudios de alquimia la Tabla de Esmeralda, traducida esta al inglés por Isaac Newton. Para aquellos que desconocen el fundamento de la ley hermética, esta tiene su origen en el Kybalión, documento que contiene el conjunto de enseñanzas de la filosofía hermética donde se condensa el objetivo primordial de la *Alquimia*.

Sin profundizar en los asuntos de la alquimia, sí queremos al menos citar los axiomas descritos en el *Kybalión*, y que bajo nuestro punto de vista conforman la silueta de la ley hermética que queremos transmitirle como una referencia entre el hombre y el universo. Nexo de unión que se presenta; tiramos de *wikipedia*, de las siguientes formas:

- *El Mentalismo*, el Todo es mente, el universo es mental.

- *La Correspondencia*, como es arriba, es abajo; como es abajo, es arriba. Afirma que este principio se manifiesta en los tres grandes planos: el físico, el mental y el espiritual.

- *La Vibración*, nada está inmóvil, todo se mueve, todo vibra.

- *La Polaridad*, todo es doble, todo tiene dos polos, todo tiene su par de opuestos: los semejantes y los antagónicos son lo mismo; los opuestos son idénticos en naturaleza, pero diferentes en grado; los extremos se tocan; todas las verdades son medias verdades, todas las paradojas pueden reconciliarse.

- *El Ritmo*, todo fluye y refluye; todo tiene sus períodos de avance y retroceso, todo asciende y desciende; todo se mueve como un péndulo; la medida de su movimiento hacia la derecha, es la misma que la de su movimiento hacia la izquierda; el ritmo es la compensación.

- *Causa y efecto*, toda causa tiene su efecto, todo efecto tiene su causa, todo sucede de acuerdo a la ley. La suerte o azar no es más que el nombre que se le da a la ley no reconocida, hay muchos planos de causalidad pero nada escapa a la Ley.

- *... y el Género*, existe este por doquier, todo tiene su principio masculino y femenino. El género se manifiesta en todos los planos. En el físico es la sexualidad.

Si pensaran por un segundo en cada uno de estos principios y los incorporasen a situaciones vividas, estamos seguro encontrarían la relación entre lo que han vivido y la manifestación de cada uno de ellos. Presentes en todo lo que hacemos. En cada cosa encontramos siempre la doctrina que afirma la existencia de estos principios supremos.

Ahora bien, queremos destacar uno de ellos, **la Polaridad**, por el papel que desempeña en el funcionamiento de las emociones que recorreremos más tarde. Emociones provistas de esos polos aparentemente opuestos y complementarios pero idénticos en naturaleza.

En todo se sigue este patrón de *dualidad*. La luz es a la oscuridad como el sonido al silencio, el calor al frío, la vida a la muerte, lo masculino a lo femenino, etcétera. Equilibrio entre cuerpo y mente, el Yin y el Yang, cuyo concepto está fundamentado en la dualidad de todo lo existente en el universo según la filosofía oriental. Yin como principio de lo femenino, la tierra, la oscuridad, la pasividad y la absorción; y el Yang como el principio masculino, el cielo, la luz, la actividad y la penetración.

Djwhal Khul, teósofo tibetano, se refiere a esto como la ley básica de la manifestación y la ley suprema de este sistema solar. Sostiene que es la ley que equilibra los dos polos, siendo la Ley de la economía la que rige el polo negativo y la Ley de síntesis la del polo positivo. Esto explica en el ser humano la comprensión que da la autoconciencia.

Según esta idea, cada ser, objeto o pensamiento posee un complemento del que depende para su existencia y que a su vez existe dentro de él mismo. Como veremos, cada emoción posee igualmente su complemento donde no existe en su estado puro ni tampoco en absoluta quietud sino en una continua transformación. Proceso de transformación que evoluciona a medida que viaja por su dinámica de espiral como hemos visto. Esto explica que interpretemos cualquier idea desde un punto de vista contrario, mejor dicho, de otro de evolución diferente.

Comprender y aceptar la existencia de dicha dualidad del blanco y el negro es esencial para dicho proceso en nuestra toma de decisiones, porque esto permitirá deducir los pros y los contras de las consecuencias con independencia de la decisión tomada. En los extremos del blanco y del negro existen diferentes clases de grises que proporcionan unos resultados extraordinarios. La visión de estos dos extremos nos lleva estrictamente a entender que tenemos dos límites dentro de cada registro de frecuencia emocional, donde uno es claramente el opuesto del otro y que con independencia de dichos extremos, nuestro deber será el de sintonizar cada registro con aquella intensidad de frecuencia que nos proporcione el equilibrio para jugar el partido correspondiente de nuestra vida.

No siempre estaremos equilibrados de la misma manera, de ahí que nuestra misión será la de reconocer los registros de nuestro interior y conocer a qué nivel queremos sintonizar para enfrentarnos a cada situación. Por ejemplo, trataremos de identificar en términos sonoros, que si un día me levanto como muestra el dibujo en la escala cuyo valor es de 12dB, de uno mismo dependerá sintonizarla a 6dB o incluso aumentarla para realizar aquello que tanto deseas.

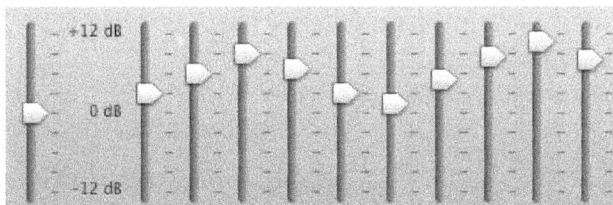

Figura 7.

Los sentimientos son el resultado de una emoción a través de la cual el consciente tiene acceso al estado anímico propio, el cauce por el cual se solventa puede ser físico y/o espiritual. Forman parte de la dinámica cerebral del hombre y nos capacita para reaccionar a los sucesos de la vida cotidiana. Son polarizaciones que hace nuestra mente de los hechos y dan forma a la felicidad.

Debemos entonces nutrirnos no sólo mental sino emocionalmente de manera que las deficiencias por restricción o exceso durante los momentos de crisis, no originen a posteriori alteraciones en nuestras funciones fisiológicas donde las emociones acampen a sus anchas por nuestro organismo, causándonos no sólo problemas de salud en el que aparecerán con mayor frecuencia intervalos con trastornos mentales.

"Seguir ignorando todo esto implicaría el gran trastorno de la personalidad del negador. Porque si siguen huyendo de saber lo que tienen dentro no podrán evitar dañar a las generaciones futuras".

Dr. José Antonio Rodríguez Piedrabuena

4. Más allá del físico tenemos un cuerpo emocional

El último de los patrones nos traslada al principio de una ley física que todos conocemos y que nos trajo probablemente la ecuación más conocida de la física a nivel popular, la teoría de la relatividad. Relatividad que relaciona masa y energía, cuya equivalencia nos lleva a la siguiente afirmación *"en el universo la energía no se crea ni se destruye sino que únicamente puede transformarse en otra forma de energía"*.

$$E = mc^2$$

Nos sirve esto para reflexionar sobre la energía que actúa detrás de la manifestación material del cuerpo y cuyas funciones están compuestas por un sistema energético complejo sin el cual no podría existir nuestro cuerpo físico. Dentro de este sistema energético lo más relevante son los denominados *cuerpos no materiales* del hombre, o también llamado *el cuerpo etérico o astral*, más vulgarmente denominado *cuerpo mental y espiritual o causal*. En definitiva, para los todavía aquí en la tierra, nuestro *cuerpo emocional*.

Muchas personas sienten rechazo a este tipo de ideas, por lo que trataremos de trasladarlas a un plano más terrenal, pero dígannos, ¿quién de ustedes no ha sentido alguna vez un pálpito en el corazón? Se trata de una comunicación de energía vital que cuando alcanza esos niveles de agitación nos transmiten sensaciones y conocimientos superiores dentro de su ámbito de funciones específicas. Estos planos de vibración son verdaderos portadores de conciencia. Estas corazonadas o presentimientos ocurren no sólo en nuestro cuerpo físico, sino que lo mismo sucede con nuestro cuerpo emocional, que se encarga de transportar esa energía vital creadora junto con las sensaciones físicas.

Ahora bien, debemos comprender que la energía procedente de nuestro cuerpo emocional va más allá del cuerpo físico. Cuando las necesidades de este están cubiertas, la energía sobrante emocional sale hacia el entorno. Aquí explicamos aquello de *"la cara es el espejo del alma"*. Nos reconocemos cuando estamos en forma y somos felices. Decimos aquello de *"qué bien me siento"*. Estado en el que nos comemos el mundo. Esa energía nuestra es lo que conocemos como energía vital.

Es nuestro espíritu el que transmite a nuestro cuerpo emocional y al mental las informaciones que recogemos a través de los sentidos corporales, y simultáneamente es el que transmite energías e informaciones desde los cuerpos más allá del físico.

Qué razón la del refranero, *"Del dicho al hecho, hay un trecho"*. Les invitamos por ello a practicar, a vivir y a tener la experiencia de sus propias emociones. Única forma de comprender el significado de lo que aquí les proponemos. Esto es precisamente lo que de algún modo u otro también tratamos en esta obra pero con una perspectiva muy diferente a la que muchos ya conocen gracias al famoso best seller de Daniel Goleman cuya segunda obra plantea la práctica de la inteligencia emocional como lo verdaderamente relevante. Nosotros añadimos otra perspectiva profundizando en la expresión del alma como motor de arranque del vehículo de la personalidad.

Esta expresión emocional es la que debemos adquirir a través de nuestros propios sentimientos sin renunciar a su lado más negativo, ya que es este el que nos hará evolucionar hacia ese otro nivel de inteligencia emocional desde donde tendremos que ser capaces de descubrir y desarrollar un nuevo talento que llevamos dentro, el talento emocional, nuestra marca emocional. Talento que nace en el cuerpo emocional ya que es este el portador de nuestros sentimientos, de nuestras emociones y de las cualidades de nuestro carácter. Cuanto más desarrollada está una persona en la definición de sus sentimientos, sus simpatías y las cualidades de su carácter, tanto más claro y transparente se manifiesta su cuerpo emocional, y por tanto su talento.

Las emociones emiten sus sacudidas a través del cuerpo emocional y transmiten el mensaje inconsciente que enviamos al mundo exterior, es aquí donde se realiza el principio de la atracción mutua. Las frecuencias energéticas que emitimos atraen vibraciones, una de las leyes comentadas con anterioridad, energéticas iguales del entorno y se unen con ellas, esto explica el porqué que nos encontramos con personas o aquello que tememos, e incluso con circunstancias que reflejan aquello que nosotros queremos evitar o de lo que queremos librarnos consciente o inconscientemente. Nos referimos a la *Ley de la Atracción*, idea o supuesto de que los pensamientos, conscientes o inconscientes, influyen sobre las vidas de las personas. Esta ley de la atracción ha sido utilizada por multitud de autores refiriéndose a esta con la frase *"te conviertes en lo que piensas"*, comúnmente aplicada al estado mental del ser humano. Las emociones atraen pues consecuencias que corresponden a experiencias positivas o negativas.

En esta línea de experiencias no podíamos olvidar aquellas emociones que nunca pasan a sentimientos y que han sido estudiadas por Antonio Damasio. Es en el cuerpo emocional donde se hallan almacenadas entre otras todas nuestras emociones no liberadas. Sensación de soledad, rechazo, apatía, falta de confianza y muchas más que analizaremos detenidamente en los próximos capítulos. De ahí la importancia de este punto. Hemos de conocer nuestro cuerpo emocional.

Los sentimientos no liberados del cuerpo emocional aspiran a mantenerse con vida y a crecer dentro de lo posible, así nos lleva una y otra vez a situaciones que se encargan de repetir las sacudidas emocionales originales puesto que esas vibraciones son su alimento. El pensamiento no consciente y los objetivos mentales del cuerpo mental tienen poca influencia sobre el cuerpo emocional, que sigue sus propias leyes, ya que el cuerpo mental puede dirigir el comportamiento hacia el exterior pero no suprimir las estructuras emocionales inconscientes. Las experiencias no liberadas almacenadas en el cuerpo emocional determinan en gran medida las circunstancias de la vida.

Con frecuencia, debido a la influencia del cuerpo emocional y de sus estructuras emocionales no liberadas, las informaciones se distorsionan y el pensamiento se tiñe. Enjuiciamos los acontecimientos de nuestro mundo, centramos la mente al bienestar personal y a los intereses del devenir terrenal. No recogemos la información que nos llega del cuerpo emocional y no solucionamos los problemas en consonancia a las leyes universales.

Es a través de nuestro cuerpo espiritual como experimentamos la unidad con toda la vida. Nos une con el *Ser* puro y divino, con la razón original omnipresente de la que han surgido y continúan surgiendo todas las manifestaciones de la creación. Desde este plano accedemos interiormente a todo lo que existe en la creación, desde aquí conocemos la fuente y el destino de nuestra existencia y comprendemos el auténtico sentido de nuestra vida. Cuando nos abrimos a sus vibraciones somos llevados por nuestro *Yo* superior. La sabiduría, la fuerza, la bendición y el amor universal son ahora los portadores de nuestra existencia.

III. Conversaciones con uno mismo: del interior al exterior

Todos estamos sobradamente preparados para triunfar. El problema es que no nos han enseñado el cómo, pero más aún, no nos han enseñado a perder, a ganar perdiendo, a reconocer nuestras propias limitaciones.

Nos dirigimos a lugares por los que nunca antes habíamos transitado, lugares a los que no pertenecemos o nos dejamos llevar influenciados por los nuevos modelos sociales. Tendencias actuales que vienen disfrazadas con falsos modelos de competición. Siempre mirando a nuestro alrededor para ser mejores que el vecino con independencia del coste que esto tenga para nosotros mismos. Por ello, cada vez más, los momentos de conflicto personal se van a ir repitiendo con mayor frecuencia en cada uno de nosotros, ya que al estar inmersos en la rutina de la competición de esta sociedad y al observar que no hemos ganado, que no hemos logrado ser el número uno, los sentimientos de desánimo y desesperanza se apoderarán del destino de muchos de nosotros.

En cada partido emocional encontraremos instrumentos necesarios para resolver el enigma del triunfo personal. Nos introduciremos en todos los estados emocionales que deberán aprender a reconocer si quieren afrontar con éxito las crisis que forman parte de nosotros sí o sí como pausa obligatoria de nuestro proceso evolutivo.

Sólo desde el crecimiento como individuo único es posible alcanzar la felicidad deseada. Es en nuestro interior donde reside la magia del ser humano, la capacidad de transformarnos y reinventarnos con el propósito de ser felices sin ni tan siquiera preguntarnos el origen de dicha felicidad. Todo tiene que salir sin tapujos de nuestro interior. El precio de ser feliz cada día o de vivir desdichados los días de nuestras vidas depende de cada uno de nosotros.

La Conciencia

A medida que vivimos, evolución como les hemos avanzado, los fenómenos psicológicos y biológicos se van produciendo con mayor intensidad. Se trata ni más ni menos de nuestro estado de conciencia que ha ido evolucionando a lo largo de los años.

Cuando hablamos de conciencia, es silencio. Es oír nuestro propio *Yo*. Pensar lo que estoy pensando de manera que sea capaz de sentir lo que siento. Nuestro cuerpo nos habla y debemos escuchar lo que dice.

Del latín *conscientia*, que significa *conocimiento compartido*, nos lleva a la siguiente definición, "*conocimiento que un ser tiene de sí mismo y de su entorno*", pero, ¿de qué se trata realmente? "*¿Quién soy? ¿Adónde voy? ¿Con quién?*" Tres preguntas que dan título a la obra que nos desarrolla el escritor y terapeuta Jorge Bucay. Descubrir esto por uno mismo es la gran misión individual y personal. Es el conocimiento de nosotros mismos el que nos dará las repuestas a estas y otras muchas cuestiones. De ahí que el Oráculo de Delfos, cuando fue preguntado por Sócrates acerca de cuál es el conocimiento más elevado, este le contestó "*Conócete a ti mismo*".

La conciencia es el reconocimiento del *sí mismo*, combinación de entendimiento consciente e influencias inconscientes en la personalidad. La sensación de *Yo* que nos permite sentir la vida y contemplarla. Es un atributo primario de la misma existencia.

En este proceso de autoconocimiento aprenderemos que dicho transcurso por la vida nunca será un fenómeno público. De este conocimiento surgirá todo el deseo de superación y autoestima. Ocurre en el interior de cada uno. En mayor o menor medida este es el modo de afirmar la identidad de uno mismo y de nuestro ser. Primer principio y exigencia de todas las escuelas de psicología y que existió durante milenios bajo el nombre de filosofía. Allá por el 3.000 a.C. los místicos ya revelaron como fundamento de todo el *Ser o Dios*, los dos la misma cosa. Ser supremo o deidad adorada en todas sus formas ya sea religiosa o no.

Conforme avances en el proceso buscarás momentos de mayor concentración que te conducirán a un más profundo autoconocimiento motivado por el esclarecimiento de tu mente gracias a la suprema verdad. Verdad que actuará como llave maestra ante los pórticos más misteriosos de tu corazón donde reside el *Yo verdadero*, el *Yo esencial*. Deberás entrar en tu propio terreno y aprender allí a conocerte, ya que de lo contrario estarás sumergido en la más absoluta ignorancia, y por ello carecerás de libertad y de capacidad de amar.

Como hemos dicho, nuestro cerebro está en continua evolución ya que se encuentra sometido a la experiencia externa e interna. Es aquí como Jung con su obra *Recuerdos, sueños, pensamientos*, enmarca el comportamiento del ser humano: *"La psicoterapia y los análisis son tan distintos como los mismos individuos. Trata a cada paciente lo más individualmente posible, pues la solución del problema es siempre personal. Las reglas válidas en general sólo se pueden formular* cum grano salis *–locución latina que significa literalmente «con un grano de sal»– y figuradamente parece significar que uno debe aplicar una capa de sano*

escepticismo a una determinada afirmación y no darla por certeza abso-
luta sin haberla contrastado antes debidamente. Una verdad psicológica
es solamente válida cuando se puede cambiar. Una solución que a mí no
se me ocurra puede ser para otro precisamente la correcta. Naturalmente
un médico debe conocer los denominados "métodos". Pero debe evitar
el anquilosarse en lo rutinario. Las premisas teóricas sólo deben aplicar-
se con mucho cuidado. Hoy quizás son válidas, mañana pueden serlo
otras. En sus análisis no juegan ningún papel. Intencionadamente no es
sistemático. Frente al individuo no hay para él más que la comprensión
individual. Para cada paciente se requiere un lenguaje distinto".

De las palabras de Jung extraemos a bien reflexionar sobre la forma
de tratar a un paciente, debe ser lo más individualmente posible; y aun
siendo válido, puede que mañana no lo sea. Esto no es sistemático,
pero la comprensión individual requiere un lenguaje distinto. Lenguaje
que deberá ser "traducido" hacia lo colectivo constantemente..

De la individualidad al colectivo

Partiendo de los dos fenómenos descritos: el psíquico y el fisiológico,
las personas actuamos de manera diferente influenciados por el entorno
que nos rodea lleno de estímulos que condicionan nuestra actitud y con
ello nuestros estados de ánimo. Las circunstancias condicionan por tanto
nuestro comportamiento de una forma consciente o inconscientemente.

El poder de las emociones en este campo reside en la capacidad de estas
de establecer nuestra posición de conducta con respecto al entorno en el
que nos encontramos, impulsándonos hacia nuestro propio destino debido
a la actitud que adoptamos ante dicha influencia exterior.

Cuando comprendemos estas relaciones dejamos el papel de víctimas y dejamos de atribuir la culpa de nuestras debilidades y miserias a
otras personas o a las circunstancias. Somos ciento por ciento responsables de todo lo que nos pasa. Tenemos gran parte de nuestro destino
en nuestras manos y podemos cambiar nuestra vida cambiándonos nosotros mismos. No es el mundo el que ha de cambiar, somos nosotros
para que este cambie.

Peter Drucker con su libro más conocido, *La era de la discontinui-*
dad ya advirtió *"El advenimiento de la sociedad de la información"*,
donde el sector del conocimiento generaría la mitad del PIB, y las nuevas tecnologías de la información y la comunicación, que acompañan
a esta sociedad, están transformando radicalmente las economías, los
mercados y las estructuras de la industria, los productos y servicios, los
puestos de trabajo y los mercados laborales. El impacto es mayor, según él, en la sociedad y la política, y en conjunto, en la manera en que
vemos el mundo y a nosotros mismos.

Adivinamos que nos encontramos en uno de esos momentos de preludios de nuevos modelos de empresas de lo transpersonal, que atravesarán fronteras y que se extenderán por todo el planeta como paradigma de economías más avanzadas e influenciadas por nuevos individuos procedentes en gran parte de los llamados países emergentes, trayendo consigo su ADN emocional. Bendita crisis esta de interconexión que regulará todo aún más si cabe hacia un mercado único emocional.

Les desvelamos a continuación parte de las emociones por las que viajaremos para que comprendan por qué se sigue un patrón y que en ningún momento ha sido el azar ni nuestra libre elección el clasificarlas de dicho modo.

Los tres primeros rivales nos conducirán por el interior de cada uno, transitando por las emociones que debemos comprender desde lo individual (**es el cómo nos relacionamos con nosotros mismos**). Este viaje comienza por lo más difícil, ya que las personas tienen miedo de su interior. Miedo que nos lleva al callejón de la incertidumbre y que termina con el siempre omnipresente factor del tiempo, el estar aquí.

Nos enfrentaremos a un cuarto rival de mucho peso y que deberemos afrontar en repetidas ocasiones. Estación de parada obligatoria de este viaje ya que es dicha soledad la que nos conducirá a nuestro destino, ganar la liga de la felicidad.

Una vez examinado nuestro interior y tras salir de la "cárcel" de la soledad, nos enfrentaremos a tres nuevos rivales de suma complejidad. Rivales que representan el exterior, nuestro entorno (**el cómo nos relacionamos con los demás**). Será la dependencia del entorno la que nos mostrará nuestra vulnerabilidad. Debilidad que nos hará caer en la desesperación, terminando en el sufrimiento y la sensibilidad por los demás.

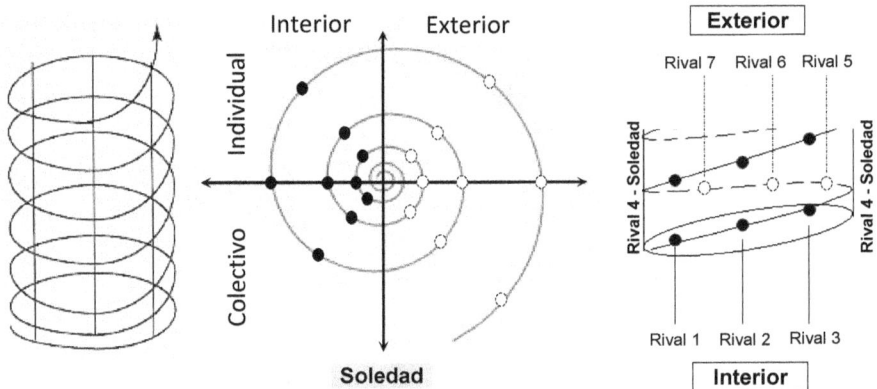

Figura 8.

Puesto de una forma más esquemática:

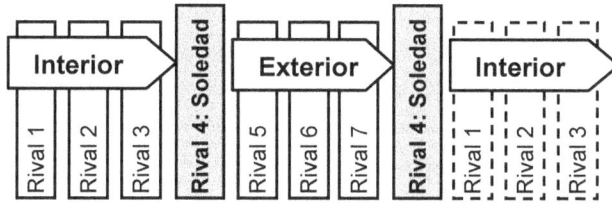

Figura 9.

Deseamos poder transmitirles la manera de equilibrase en la vida afrontando cada partido con la mejor de sus intenciones emocionales para triunfar en el arte de vivir el día a día. Conoceremos cómo cada uno de los elementos que en ella hay, son ni más ni menos que el reflejo de nuestro propio *Yo*.

El entorno empresarial en el que nos movemos, las personas con las que trabajamos, nuestros seres queridos, son nosotros mismos. Veremos cómo las cosas que hay en ellos son las cosas que nosotros mismos tenemos, para bien y para mal. Observamos en los demás lo que no somos capaces de reconocer en nosotros mismos. Por eso tendremos que aprender a autocriticarnos y conocernos si queremos conocer a los demás, mostrándonos completamente desnudos, tal cual somos, y protegiéndonos bajo el paraguas de la humildad, sólo entonces avanzaremos con el convencimiento y la confianza necesarios para ello. Sin miedos.

IV. Entrando en contacto con la Realidad: asumiendo compromisos y reconociendo limitaciones

Entrando un poco más en materia desde un punto de vista de la psiquiatría, se entiende por conciencia al estado cognitivo, no abstracto, que nos permite la interactuación, interpretación y asociación con los estímulos externos, denominados *realidad*. Todo completamente desconocido y que nos obliga ahora a enfrentarnos a nuestro entorno. Venimos del interior y es ahora en el exterior donde nos enfrentaremos a la realidad.

La evolución del pasado hoy desconocida para muchos de nosotros ha traído consigo parte de nuestro ADN emocional desde un prisma genético, y que se ha visto "modificado" posteriormente por la educación recibida en cada una de las circunstancias de dicho pasado, siendo la realidad en cada momento de nuestras vidas la que nos invita ahora a decidir, a tomar decisiones, por tanto, a elegir.

Actualmente podemos comprobar cómo los avances tecnológicos están originando nuevos patrones sociales de comportamiento en los que los humanos interactuamos en un mundo virtual donde lo emocional está evolucionando substancialmente.

Hay quien piensa que las nuevas tendencias tecnológicas de las redes sociales están minando el plano emocional y que son poco estimulantes, aunque también observamos cómo poco a poco estas iniciativas van abriéndose paso a través de los jóvenes de nuestra sociedad. A favor o en contra, tropezamos con millones de personas que interactúan emocionalmente gracias a estos espacios virtuales llenos de contenidos emocionales.

Por citar un ejemplo; *youtube*, así como otras tantas iniciativas, sirve para que muchos individuos se desarrollen sacando todo su talento sin necesidad de tener que depender de un contrato con la más prestigiosa cinematográfica de Hollywood. Incluso acatar el contenido de una noticia que un superior le imponga. Ejemplo claro este en el mundo de la información donde periodistas, informadores, escritores y libres pensadores campan a sus anchas bajos los nuevos patrones blogeros de esta sociedad cambiante.

> Recordarán no hace mucho al soldado Bradley Manning, que puso en jaque al Gobierno más poderoso del mundo con los documentos de *Wikileaks*. Cabo de 22 años, homosexual, solitario y extremadamente inteligente como así lo definen. Accedió a más de 260.000 documentos diplomáticos. En fin, juzguen ustedes. Fragilidad de sistemas que utilizan lenguajes que son ideados por "los propios *hackers*". A saber lo que se estará haciendo en otros ámbitos de actuación.

Tan sólo en los últimos diez años se han dado pasos de gigante a favor de estos avances tecnológicos. Hemos querido destacar uno de los más significativos en el mundo de la neurología, en el que se ha podido controlar el cerebro mediante un marcapasos cerebral activando y desactivando partes de este. Nuestros pensamientos pueden ser ahora controlados, de manera que pacientes con párkinson, por ejemplo, recuperan la movilidad. Ahora ya se plantea combatir también con este tipo de estimulación cerebral la depresión y los trastornos obsesivo-compulsivos.

Avances que permiten hoy que libros como el nuestro sean igualmente accesibles a personas ciegas pudiendo adquirirse en su versión leída, escuchando la obra a través de los medios que la tecnología pone a su alcance. Esto nos lleva a defender cada día más el hecho de que la propiedad intelectual debe ser cada vez más de todos.

"El silencio es para uno; el conocimiento es para todos".

El Caballero de la armadura oxidada, **Robert Fisher**

Por eso, a medida que innovemos tecnológicamente, mayor importancia e impacto tendrán las emociones sobre nosotros mismos. Mayor será el coste que tendremos que pagar por no incluirlas en dichos patrones de conducta social e individual. Esto es lo que llamamos distancia con la realidad, distancia emocional para esta obra. No importa si son avances tecnológicos o cualquier otra cosa, sino que esta evolución producirá efectos demoledores en muchísimos individuos porque han decidido instalarse en la antesala de la muerte, el sofá de la falsa comodidad ajenos al mundo que les rodea permaneciendo distanciados de dicha realidad.

Vemos a diario personas ajenas al mundo de las redes y otras muchas cosas que suceden a su alrededor. Padres de familia que impiden el desarrollo de sus hijos dando la espalda al uso de estas tecnologías, cuando ni ellos mismos han comprobado los beneficios que estas también tienen. Lenguajes enmascarados que harán que de algún modo la distancia emocional de padres e hijos sea cada vez mayor.

En una ocasión, nuestro amigo el Doctor José Antonio Rodríguez Piedrabuena, *coach* de directivos de empresas y autor de obras como *El Directivo ante el espejo, Por qué nos drogamos, La Mente de los Creadores*... nos hizo llegar un interesantísimo trabajo suyo titulado *El bebé dentro del adulto o la formación de la personalidad* y en el que venía a reseñar cómo el ambiente prenatal y el posnatal van a actuar de manera decisiva para establecer conductas y modos de ser en animales y personas. Algo que muy acertadamente lo explica desde un punto de vista científico y que compartimos plenamente.

Precisamente estas experiencias de distancia con la realidad, con nuestros progenitores, experiencias de desapego que sí han ido escoltadas por la inexistencia de instinto materno, añadiríamos también paterno, pueden ser traumatizantes produciendo efectos a todos los niveles de nuestras vidas. Esto se debe a que hipertrofiamos la *amígdala cerebral*.

Distancia que se abre sí o sí entre el apego y la necesidad de contacto, como bien nos ha instruido el doctor Piedrabuena, y que marcará la forma en la que las personas toman sus compromisos y relaciones. Este apego, como hemos visto, es el que regula la experiencia emocional, por lo que reglamentará posteriormente la capacidad de concentración en las tareas y en los trabajos del futuro. Cuando el apego se desarrolla de forma positiva, aumenta nuestra confianza, la autoestima y nuestra autonomía, ya que no se produce un aumento de la amígdala cerebral.

Ventajas e inconvenientes encuentran las emociones con esta nueva era y que como ya hemos dicho, a saber el precio que se pagará. Lo que parece claro es que las relaciones humanas de contacto directo han perdido un valioso tiempo en nuestras agendas. Por tanto, seamos conscientes de este hecho y que cuando el peso de unas emociones más especializadas caiga encima será tarde y no habrá cabida para la queja. Coste que, sin saber, muchos de nosotros ya estamos asumiendo. Esto viene a confirmar el gran número de personas que están sumergidas en el más absoluto de los abandonos emocionales, expuestos a una enfermedad mental irreversible.

> La **Organización Mundial de la Salud** ya habla de que la población mundial que tendrá enfermedades mentales discapacitantes a diez años vista alcanzará la friolera cifra del 20%.

Cada vez más tendremos que jugar partidos en terrenos a los que no estamos acostumbrados, con sus grandes oportunidades para aquellos que sepan descubrir la forma de interactuar emocionalmente, de enfrentarse a la realidad. Tendremos que estar preparados emocionalmente más a menudo y ser capaces de aceptar el nuevo papel de esta educación o de lo contrario las nuevas iniciativas de las redes lo harán por ti. Los contenidos serán cada vez más complejos, por lo tanto tendremos que estar más preparados para interpretar dichos contenidos y saber transmitirlos a nuestros hijos. De reducir las distancias entre nuestro interior y el exterior.

> *"El grado de complejidad de los procesos que nos envolverán dentro de poco a nivel individual será de tal envergadura que, cuando estos procesos se averíen, no sabremos cómo repararlos utilizando instrumentos convencionales";* *"Para solucionar los temas, más que recursos lo que necesitamos es más conocimiento".*
>
> **Eduardo Punset**

Los modelos robóticos cada vez más inteligentes y con más chips de emociones están afectando el futuro de la humanidad. La pregunta es ¿estamos siendo conscientes de este cambio? No se trata de cambiar el mundo. La historia nos ha enseñado la evolución del ser humano y su entorno a lo largo de los años. La tecnología está interaccionando con las emociones humanas, pero aún más, está comunicándose e influenciando a millones de seres humanos. El coste personal será de dimensiones muy elevadas en lo individual para aquellos que muestren su ignorancia en este proceso de cambio tan complejo para las generaciones presentes. Es más, adelantamos que la enfermedad del futuro está ya instalada en muchas de nuestras mentes.

Tom Peters, el célebre autor de *best sellers* internacionales, con su obra *Re-imagina!* nos propone un orden empresarial en donde nos urge a todos a reinventarnos constantemente, proclamando que es esta la principal responsabilidad de las nuevas generaciones. Sólo con abrir su libro, ya te dice la capacidad de re-imaginación que en él hay.

Como individuos debemos asumir que la vida nos va a ofrecer momentos muy diferentes en los que tendremos que aprender a movernos bajo esas circunstancias de realidad. Así que si queréis "ganar", tened presente que cada vez que os lleguen esos momentos, no dudéis en ir en la dirección de hacer aquello que más os gusta, aquello que os apasiona de verdad y donde la variable tiempo, como veremos a continuación, desaparece. Aquellos donde te dicte tu corazón, que ha de ser el único motor de tu vida.

Para esto de ganar en el mundo real, nuestro maestro, gran amigo del alma y ahora prologuista de este libro, Santiago Álvarez de Mon, con su última obra *Con ganas, ganas* nos alecciona a través de personajes públicos como Rafa Nadal, Inma Shara, Valentín Fuster y otros muchos a los que ha tenido ocasión de conocer y estudiar interiormente. Santi nos hace una reflexión lúcida sobre la alquimia que surge entre el talento y el esfuerzo como base de una vida aprovechada que sueña con la felicidad. Su libro es un canto a la libertad y, como también indica, a los placeres del Alma, de los que les hablaremos a continuación.

Está claro que hay que ganar, "pero con ganas". Recuerden que algún día dejarán de hacerlo y deberán entonces estar preparados para tomar decisiones que no les gustarán. Al menos dense la oportunidad de trabajar hacia el siguiente paso que quieran dar en la vida, tomando cada revés como un nuevo reto hacia el camino del éxito personal. ¿Quién le iba a decir a Lolo Sainz que impartiría conferencias cuando era entrenador de la selección española de baloncesto? El que haya podido disfrutar de ello sabrá que al igual que muchos otros grandes ponentes, disfruta haciéndolo y ves cómo lo que en realidad hace no es impartir una conferencia, sino que sigue haciendo lo que más le gusta y sabe, dirigir un partido de baloncesto. Ha hecho de su experiencia pasada algo que le da sentido a su vida ante esta nueva realidad que se le ha presentado. Pues de eso se trata, de seguir haciendo lo que hacíamos, lo que realmente sabemos hacer, pero desde otro lugar completamente diferente. Lo que Lolo Sainz ha hecho es reinventarse a sí mismo, como apunta Tom Peters.

Sólo así desplegarán el talento que llevan dentro, el que les conducirá a que los sentimientos de alegría se repitan con mayor frecuencia. La alegría, emoción que nos llena de energía y para que se produzca tendremos que vaciarnos hasta el final, hasta caer exhaustos. Sólo así llega la recompensa de esta. Momento de paz que se apodera de nuestro interior, de felicidad de haberlo dado todo aun sabiendo que podemos perder, mejor dicho, no ganar, como bien lo subtitula Santiago en su libro, *Del esfuerzo a la plenitud*. Es aquí donde reside gran parte del éxito personal, saber que cuando lo has dado todo y "no has ganado", no te sientes derrotado, ni frustrado, ni siquiera piensas que has fracasado, simplemente a alguien ese día las cosas le salieron algo mejor que a ti, pero con la esperanza de que mañana te podría tocar a ti.

Lección esta muy importante para todos nosotros, ya que cuando no conseguimos lo que esperábamos tenemos que preguntarnos ¿para qué? Esto es una variante que la vida nos muestra para tomar conciencia de algo y en la que debemos estar atentos, no al porqué de las cosas sino al para qué.

Pregúntenles a esas personas que llevaban una vida feliz y de repente un día, les toca una gran suma de dinero en la lotería, y sin darse cuenta lo tiran todo por la borda viendo cómo meses después han malgastado todo lo ganado, y peor aún, han perdido hasta su familia. No les queda nada, porque nada tenían. La abundancia y la escasez pueden llevarte al más absoluto de los fracasos o al éxito más rotundo, de tu libre elección depende el resultado que quieras obtener.

> *"Cuanto más dinero entra, más inestable te sientes, porque tienes miedo de perderlo".*
>
> **Luis Gordillo**

Por eso en los próximos capítulos jugaremos cada uno de los partidos que necesitamos para sentir y conocer dónde están nuestro límites. Tendremos que aprender a expresar lo que somos jugando cada partido y al mismo tiempo saber reconocer dónde están esos límites o de lo contrario estaremos jugando el partido de nuestra vida hacia nuestra portería, es decir, en contra del alma.

Aquí destacamos la importancia del pasado emocional de algunos líderes que carecieron de madre que conectase con el interior de estos. La memoria juega un papel fundamental en su desarrollo personal, ya que esa memoria de nuestras experiencias va a ser el patrón de las futuras relaciones con nuestro entorno. Líderes que lo son sólo en sus cabezas porque su mente no hace más que deambular con una personalidad superficial y desconectada de la realidad.

"Peléate con tus profesores, amigos, tu familia, tu pareja...
con quien sea; pero nunca te pelees con la realidad".

Santiago Álvarez de Mon

V. Nuestra esencia: los Secretos del Alma

Son muchas las iniciativas que tratan las emociones y el impacto que estas tienen sobre el comportamiento de las personas. En este libro no profundizamos en aspectos ya tratados por la comunidad científica, corrientes filosóficas y otras muchas iniciativas de distinta índole, sino que mostramos desde un punto de vista más modesto cómo las emociones moldean nuestra conducta según el impacto que estas tienen en el proceso de la toma de decisiones y cómo estas tallan la personalidad de cada uno de nosotros como individuo.

Esa talla es la que nos hace que cada uno seamos diferente. Nos podrán pintar con la misma pintura, tallar con el mismo escoplo, incluso hasta con el mismo tipo de roble, pero nuestro origen procede de distinto árbol, lo que nos lleva a que las raíces que dieron origen a dicha talla han sido concebidas de naturaleza diferente. Esto explica la importancia del *para qué* en la conexión con la naturaleza, con nuestros orígenes. Con nuestra Alma, ya que es esta la que viene a expresarse a través de las emociones.

Esta obra no es sólo producto de las experiencias vividas por nosotros los autores, sino que parte también se inspira en las investigaciones del doctor inglés Edward Bach, conocido médico por sus trabajos sobre el tratamiento de las enfermedades y de la salud a través de nuestros estados emocionales.

Bach se dio cuenta de que al tratar las personalidades y sentimientos de sus pacientes, sus desgracias y sufrimientos físicos se aliviaban de manera natural, ya que desbloqueaba el potencial de curación de sus organismos, permitiendo que volviese a funcionar nuevamente. Bach en definitiva fue capaz de curar el cuerpo físico a través del cuerpo emocional, donde el paciente tomaba conciencia de su esencia como *Ser* de manera que reconocía en sí mismo lo que le hacía enfermar. Su gran obra fue la de identificar ese estado emocional que nos lleva a lo más profundo de nuestra existencia, la esencia del Alma. A través de preparados naturales cuya acción terapéutica de apoyo en toda enfermedad con efecto suave y ausencia de efectos secundarios, junto con su sorprendente eficacia hizo que en 1977 la Organización Mundial de la Salud recomendara su uso.

Desarrolló un sistema que explicaba el porqué de nuestra existencia a través de las emociones y sus contenidos. Como personas que somos, vamos relacionándonos con nuestro entorno con los demás pero sobre todo con nosotros mismos. De ahí que los estados emocionales por los que vamos pasando también se ven afectados por este mismo entorno, de manera que si conocemos cómo son dichos estados y entendemos cómo podemos cambiarlos a través del aprendizaje que cada uno nos aporta, podremos comprender algo más de nuestras relaciones y de nosotros mismos, por lo que aprenderemos sobre el equilibrio de nuestra personalidad.

Bajo la perspectiva de esto y otras muchas iniciativas e investigaciones se atestigua cómo la enfermedad es una desconexión entre el alma y la personalidad. La enfermedad es el fruto de la ignorancia, del desconocimiento de nuestra verdadera condición, nuestro propio *Ser*, aquello que somos pero que no expresamos por miedo, desconfianza o por intromisión de otros.

A lo largo de la historia hemos podido observar cómo la medicina está aportando nuevas soluciones en la curación de enfermedades, aunque por otro lado no dejan de surgir otras muchas y nuevas desconocidas para el ser humano hasta ahora. Esto es algo que seguirá su ciclo natural a lo largo de los siglos, ya que gran parte del origen de nuestras enfermedades viene provocado por nosotros mismos. Sí, han oído bien, por nosotros. Es aquí donde nos hermanamos con muchas de las iniciativas que existen en el mundo de la salud y de la medicina, que vienen a demostrar cómo una de las causas de nuestras enfermedades es producto de nuestros estados de ánimo, de nuestros sufrimientos.

> Esto nos obliga a citar el trabajo *Corazón y Mente* de Valentín Fuster, cardiólogo e investigador; y de Luis Rojas Marcos, psiquiatra; cuyos autores reflexionan sobre la necesidad de escuchar los mensajes que nos manda nuestro cuerpo y nuestra mente si queremos conservar la salud y mejorar la calidad de vida, y en donde explican el camino que médico y paciente emprenden juntos hasta la curación. *"Mente sana en cuerpo sano"*.

Es precisamente la energía de la que le hemos hablado la que nos protege de forma natural. Por eso las razones para enfermar radican siempre en ella misma, los pensamientos y emociones negativas y una forma de vida que no esté en consonancia con las necesidades naturales del cuerpo. Sobreesfuerzo, alimentación insana, abuso de alcohol, drogas, etcétera, pueden consumir la energía vital mental haciendo que surjan zonas débiles que terminan causando que florezca la enfermedad.

Las enfermedades antes de manifestarse en nuestro cuerpo físico lo hacen en nuestro cuerpo mental, por eso tanto el uno como el otro reaccionan de forma intensa a los impulsos mentales que proceden de las emociones.

Por todo ello tendremos incluso que jugar consciente o inconscientemente hasta marcarnos un gol en propia meta de manera que podamos entender que el gol o la enfermedad no es en sí ni una crueldad, ni un castigo, es un instrumento del alma para mostrarnos nuestros errores, prevenirnos de otros e impedir cometer más daño, para devolvernos al camino de la verdad, del que nunca deberíamos habernos apartado. Para saber que si actuamos de una manera o de otra, las consecuencias serán diferentes. Por eso un buen suspenso cuando éramos niños era parte esencial para devolvernos al camino del estudio.

Con este proceso lo que conseguiremos es hacernos amigos de la adversidad poniendo a prueba nuestras emociones. Las limitaciones actuarán como mecanismos para resistir a las adversidades de la vida ayudándonos a encontrar nuestro punto de equilibrio y de autocontrol, de donde resurgiremos más fortalecidos de las crisis, de las que saldremos gracias al poder natural de la *resiliencia*, fuerza natural que sacude a las personas para superar sus desgracias, superando el chantaje de la adversidad que pone a prueba nuestro equilibrio físico y emocional.

Surge aquí la figura del *Coach*, camino este al que muchos de vosotros hoy llaman vulgarmente *Coaching o Mentoring* en alguna de sus formas, ya que no quieren reconocerse "enfermos" y que están siendo guiados por un experto en la materia, en este caso un médico. Esto no es ni más ni menos que el proceso de terapia, donde el paciente se pone a disposición de un especialista, un consejero, un entrenador, o lo que algunos llaman Maestro o Mentor que les ayuda a superar el infortunio que les ha visitado.

El ya popular anglicismo *Coach* alude al entrenador personal que contribuye a que las decisiones que tome el individuo sean correctas y acordes con sus capacidades y circunstancias. Esto realmente no es nada nuevo, sabedores de que grandes estrellas de cine y personajes públicos han acudido durante décadas a la consulta de un psicólogo o especialista que les facilitase sus conflictos internos y existenciales.

> Sabias las palabras de Séneca que así lo corroboran, *"en la vida es necesario determinar adónde vamos y por dónde, y no sin la ayuda de algún experto que haya explorado antes los caminos que hemos de recorrer"*.
>
> **Séneca**

Nos introducimos en el proceso del *coaching* o *mentoring* como parte fundamental para conocer los secretos que el Alma esconde; nuestra esencia.

En la empresa el *coaching* para directivos está obteniendo una creciente popularidad que se está extendiendo de manera sorprendente a otros campos. Las prisas, las cada vez más complejas relaciones interpersonales y las grietas del pensamiento posmoderno que han quedado incrustadas inconscientemente en gran parte de la memoria de nuestra sociedad requieren un mayor número de personas facilitadoras de los procesos de transformación personal.

Siempre sugerimos a aquellos interesados en iniciar un proceso de este tipo, que no lo hagan bajo las indicaciones de algún conocido y amigo, sino que lo inicien desde su propio interior reconociéndose a sí mismos como alumnos para dicho proceso y recibir las directrices de un mentor. Cada uno debe elegir libremente a su tutor y nunca al contrario.

Aprovechando el trabajo del Doctor Piedrabuena y de otros muchos autores, extraemos claramente la importancia no sólo de la salud física y mental desde que somos niños, sino la de nuestros padres, y en especial la de nuestra madre. Se ha podido comprobar que la salud o la enfermedad mental pasa a través de las generaciones, en las que cada vez es mayor una pobre fortaleza mental. Cada vez más surge aquí la necesidad hoy en día de formación sobre educación emocional. Los cuidados maternales actúan directamente sobre los genes de las neuronas de nuestro cerebro. Así que la calidad de nuestro desarrollo cerebral va unida con el desarrollo emocional entre madre e hijo al estar sus mentes sincronizadas desde el momento de la creación.

Los padres, al igual que un entrenador, un profesor o un *coach*, tienen que ser capaces de detectar las potencialidades de sus hijos. Todo empieza desde el vientre materno, por lo que los hijos deben ser acogidos no solo desde el corazón de la madre sino también desde su mente y por tanto desde su conocimiento emocional.

Con el conocimiento de los diferentes estados emocionales estamos ofreciendo a nuestra personalidad la oportunidad de saber controlar las disposiciones de ánimo negativas tan comunes en todos los seres humanos. La comprensión de algunos estados emocionales como el de la inseguridad, los celos, el desaliento, la tristeza y otros muchos que veremos a lo largo de esta obra, son ni más ni menos el principio para legitimar un mayor equilibrio entre nuestra personalidad y nuestra alma, garantizando de este modo un mayor autoconocimiento que nos acercará más a nuestro estado divino.

El alma es la verdadera naturaleza de la persona, la capacidad innata de acuerdo a su grado evolutivo para entender la vida y adecuarse a ella desde la inofensividad y el amor. Su esencia, atributo o principio perpetuo y que se irá revelando a través de las grabaciones posteriores como resultado de las relaciones y el medio, da origen a la falsa personalidad. Por tanto, no es una cosa, sino una cualidad o una dimensión de la experiencia de la vida y de nosotros mismos. Experiencia que nos revelará sus secretos a medida que vayamos viviendo, que viajemos.

La felicidad es como consecuencia de conseguir algo, la alegría es cualidad del alma. Comprenderán pues que no se trata de buscar la felicidad sino de incrementar los momentos en los que nos sentimos alegres.

> Mario Alonso Puig en uno de sus artículos en la revista *Executive Excellence*, se refiere a la felicidad como: *"es algo que surge del interior mientras el bienestar y el malestar suelen ser la reacción que tenemos frente a algo que acontece a nuestro alrededor".*

Conclusión

Esta obra escrita precisamente en uno de esos momentos de crisis mundial, ciclo que se repite y se repetirá a lo largo de la historia, da origen a épocas de crisis por las que todos pasaremos a lo largo de nuestras vidas, nos guste o no. Períodos que nos adentran en el laberinto de los valores, de los sentimientos, y cómo no, de las emociones. Las creencias que residen en nuestro interior afloran para descubrir una vez más la ignorancia de los individuos fomentados por comportamientos sociales relativizados. Tiempos de abundancia y bienestar en los que muchas personas se han olvidado de lo más importante, de *Ser*.

Jugaremos contra rivales que nos harán sentir diferentes tipos de miedos, entrenaremos en el campo de la incertidumbre, nos pondremos la camiseta de la tristeza e incluso pasaremos tiempo en el despacho de la soledad. El balón rodará libremente por la realidad de un entorno en el que sentiremos profunda desesperación y angustia por tener el marcador en contra y donde ya no queda tiempo para la remontada. Árbitros de nuestras vidas con autoritarismo e intransigencia nos harán comprender la importancia de sentimientos como la tolerancia y comprensión, para que, desde el respeto hacia los demás, no caigamos en estados como el de la arrogancia o el del exceso de entusiasmo.

Que sepamos, nadie puede predecir el futuro de este mundo tan complejo, ya que se desconoce el juicio emocional de los individuos y de las sociedades en las decisiones que marcarán el siguiente hito que quedará para la historia. De ahí que la desestructuración del individuo a través del proceso de crisis es indudablemente el factor de éxito que previamente tiene que darse para progresar hacia el siguiente nivel de madurez, en definitiva, de conciencia.

Este abandono de nosotros mismos es el que nos lleva a caer en esos momentos de profunda crisis interior, de negación a los hechos y de no aceptación a la vida. Por eso, queridos lectores, esperamos que este libro les sirva cada vez que tengan dicha crisis, para que al volver a leerlo den cuenta de cómo han evolucionado con respecto a la crisis anterior. De este modo le resultarán más descifrables los conocimientos que aquí les transferimos. No pretendemos se hagan valedores de todos sus estados emocionales con sólo una primera lectura. Cuando sientan, anótenlo, y por la noche antes de ir a dormir les invitamos a que lean aquel rival con el que más se sientan identificados en ese preciso instante de sus vidas. Podrán comprobar así lo que aquí queremos transmitirles como aprobación de su proceso de evolución personal.

Es evidente que los entornos tan cambiantes en el mundo en el que nos movemos, hacen que las relaciones sociales sean cada vez más complejas y en donde las decisiones que tomamos, en un mundo con recursos cada vez más limitados, son fruto de la velocidad a la que nos movemos. Se atisban riesgos que no se presentan ante nosotros en patrones físicos reconocibles, con estructuras sociales muy cambiantes y con personas cada vez más preparadas desde el punto de vista de la inteligencia emocional que originarán el gobierno de nuestras vidas en todos sus ámbitos. Los directivos del futuro tendrán pues que asumir el compromiso de gestionar las emociones de sus equipos, pero sobre todo las de ellos mismos o perderán toda la confianza. Robert C. Solomon y Fernando Flores en su libro, *Building trust* nos hablan precisamente de cómo construir dicha confianza. Confianza que tardamos años en construir y que sin embargo destruimos en tan sólo un segundo o con tan sólo un hecho.

Sabemos que la neurociencia trata de descodificar los estados cerebrales destacando entre sus aplicaciones el estudio de la estructura y función patológica del sistema nervioso en el que los elementos de este interaccionan dando origen a la conducta. Los trabajos de la neurociencia se están combinando con la psicología en lo que se conoce como neurociencia cognitiva de manera que esta nos proporciona una nueva forma de entender el cerebro y el estado de conciencia.

De aquí nuestra inquietud hacia los avances en el campo de la neurociencia, que no hacen más que afianzarnos, aún más si cabe, en nuestras afirmaciones en la relación directa existente entre el cerebro y los niveles de conciencia despertados en él gracias a la conducta emocional estimulada por la personalidad de cada individuo. Es esa conciencia lo que denominamos como el estado cognitivo, el cual nos permite la interactuación, interpretación y asociación con los estímulos externos denominados *realidad*.

Del mismo modo tenemos puesto los ojos en las iniciativas que se desarrollan bajo el paraguas de la Responsabilidad Social Corporativa en todos sus ámbitos de aplicación, con la esperanza de un trabajo más alineado con la sostenibilidad de nuestro planeta pero desde un punto de vista más sobre lo humano del individuo. Seguros de que aquellos departamentos de recursos humanos lo suficientemente inteligentes emprenderán acciones e iniciativas en las que la gestión emocional sea parte imprescindible y herencia generacional del ADN de la compañía para la que trabajan.

Os damos pues la bienvenida al apasionante mundo de la emociones. Jugaremos juntos varios partidos donde afrontaremos momentos difíciles que nos harán comprender a través de nuestras experiencias cómo prepararnos para competir y llegar a la final. Por eso y para un mejor adoctrinamiento de nuestras ideas, cada uno de los capítulos que siguen a continuación se estructura de manera que primero conozcamos las emociones y cómo se expresan según la dinámica de espiral. Veremos cómo influyen en nosotros mismos, por lo que tendremos que digerirlas y gestionarlas. Analizaremos también cómo debemos dar el siguiente paso, la toma de decisiones, dependiendo del estado emocional en el que nos encontremos. Por último extraeremos el aprendizaje de cada uno de estos procesos de transformación para retroalimentarnos, pudiendo así evolucionar hacia el siguiente nivel de conciencia en nuestras vidas, el siguiente estado emocional.

Es un proceso dinámico que debe ser alimentado constantemente, de lo contrario no obtendremos ningún resultado positivo ya que las causas de conflicto anteriores volverán a nuestras vidas multiplicadas exponencialmente. No podemos huir de las situaciones que la vida nos pone por delante. Tenemos que aprender a interpretarlas de manera que sepamos gestionarnos para dar el siguiente paso con el menor daño posible, ya que, como hemos visto, nuestros pensamientos determinan nuestra experiencia.

Más allá de cualquier ideología o pensamiento de difícil digestión para muchos de nuestros lectores, el valor de este libro reside en la importancia que tiene y tendrá siempre el papel que juegan las emociones en nuestras decisiones, ya que como seres humanos estamos constantemente interiorizando nuestro entorno en el plano de lo emocional.

Todo esto y mucho más lo veremos a medida que juguemos el partido de nuestra vida. No esperen que por leer esta obra son dignos de gestionarse emocionalmente, ni siquiera nosotros aún lo somos, pero sí que cuando sientan algo, vuelvan a reflexionar sobre el estado emocional en el que se encuentran. Y no olviden que cada uno de nosotros pasamos por todos los estados emocionales a diario, lo que ocurre es que no tomamos conciencia de cada uno de ellos en ese preciso instante al estar atascados en el embudo de lo cotidiano. No se preocupen, y no le den la mayor importancia, ya que de hecho no somos partidarios de estar inmersos en la rutina de la conciencia, porque la vida, como veremos a continuación, hay que vivirla y sentirla muchas veces desde el subconsciente para que precisamente nos hagamos conscientes de lo contrario a lo que hemos hecho. Podrán comprobar cómo dejarse llevar por la espontaneidad del momento es otro de los ingredientes que apreciarán en nuestra pócima de la felicidad. Con objeto de que independientemente de las teorías y las creencias que posean, al menos sí conozcan los diferentes estados emocionales que vienen a expresarse en el ser humano, en cada individuo.

Con estas reflexiones hemos querido introducirles otros modos de explicar el mundo de lo emocional. Seguros de que existen muchas y diversas maneras de tratar este campo, he aquí nuestra versión de los hechos en este asunto, aunque con la completa seguridad de que el final emocional de todas estas formas tan diferentes, la emoción expresada, es la misma.

CUANDO TOMES DECISIONES, ¡RECUERDA!

- Somos cuerpo y psiquismo, la bisagra de esta unión ya preexistente es la emoción. Ten presente la importancia de tener un buen cuerpo emocional.

- Los sentimientos son el resultado de una emoción a través de la cual el consciente tiene acceso al estado anímico propio, el cauce por el cual se solventa puede ser físico y/o espiritual.

- La conciencia es el acto de reconocer lo que uno es y obrar en consecuencia.

- Sólo desde el crecimiento como individuo único es posible alcanzar la felicidad deseada.

- El proceso del autoconocimiento nos enseña que dicho transcurso por la vida nunca será un fenómeno público

- El *Coach* o Mentor no es ni más ni menos que el detonante de la conversación interna.

- La enfermedad es una desconexión entre el alma y la personalidad.

- La ignorancia es negarse a la verdad cuando se nos ofrece la oportunidad.

- La conciencia es del alma, y el recuerdo de la personalidad.

Rival 1

El gigante que nos acecha: el miedo

Para quien tiene miedo,
todo son ruidos
Sófocles

Como el Big Bang nuestras vidas cambian en un solo instante. ¿Cuántos de nosotros nos hemos levantado al día siguiente tras un suceso inesperado que nos ha cambiado la vida? Acontecimiento este que no teníamos contemplado en días anteriores y que no estaba instalado en nuestra mente. A veces un despido, un ascenso inesperado, el gol de la victoria en el último minuto del partido, una separación e incluso la visita repentina de la muerte y otras muchas cosas que cambian por el simple hecho de existir. El tiempo dictamina nuestra existencia apoderándose de nuestro destino en un solo segundo. Lo que había ya no reside en este y único instante, *el presente*.

Desde ese preciso momento, lo que nos ocurre realmente es que los siguientes pasos que damos y las decisiones que tomamos están influenciadas por dicho suceso. Los sentimientos reman a sus anchas por nuestra savia interna e incontroladamente respondemos a los estímulos de nuestro cerebro complaciendo nuestros pensamientos para que dejen de molestarnos.

Muchos de vosotros mencionáis que estos acontecimientos son casualidades de la vida. Sentimos defraudaros, pero como ya argumentamos en la introducción con las leyes universales, no creemos en las casualidades. Detrás de todo hay un **para qué**. Ahora bien, nuestra oferta es la de no caer en el error de anclarse en el ruido del ¿Por qué a mí? ¿Qué he hecho para merecer esto? En definitiva, despojarnos de los sentimientos de culpa, reproche, queja y otros muchos que hipotecan nuestra felicidad.

Es ese momento, con independencia del motivo o el resultado de dicho suceso, el que nos origina el conflicto que nos destruye por dentro, nos arranca el alma como si una bomba nos hubiese estallado en nuestras propias manos. Como consecuencia de ello sentimos un dolor del que no habíamos reparado anteriormente. Dolor que nadie más que tú sabes cómo te sientes, ya que, como hemos dicho, no tomamos consciencia hasta que el infortunio nos visita en nuestra propia casa. Por eso aquello de *"nadie escarmienta en cabeza ajena"*. Así que les guste o no, queridos lectores, ¡estamos en crisis!

¡Bendita crisis! como bien diseña nuestro conocido Álex Rovira en su libro *La Buena Crisis*, invitándonos en un viaje inspirador colmado de excelentes fundamentos para afrontar lo que aquí vaticinamos, la llegada de un tsunami de conciencia emocional.

> "A ti, crisis, por todo lo que das. Por todo lo que eres. Por la transformación que brindas: una revolución y una evolución. En el amor y en la consciencia. Por la oportunidad que siempre ofreces. Por la belleza y la vida que nacen de ti. Por todo. Gracias".
>
> **Álex Rovira**

En cuanto antes reconozcamos que lo estamos, antes podremos entender sus encrucijadas hacia nuevas oportunidades. De un modo u otro cuando entramos en crisis, uno de los primeros síntomas es su negación, el miedo a esta y por lo tanto la falta de reconocimiento.

Huimos de todo lo que nos duele o nos incomoda, de lo que no nos gusta. Nos damos cuenta de que no somos felices haciéndonos miles de preguntas sin respuestas, acercándonos erróneamente a aquellos que nos dicen lo que queremos oír buscando falsas réplicas. Queremos calmar los ruidos que tenemos en la cabeza y el lío de voces que nos imposibilita pensar y actuar con nitidez, paralizando nuestra capacidad de tomar decisiones, es decir, de movernos hacia adelante.

¿Qué nos ocurre realmente? Reconocida la existencia de dicha crisis, cada paso que demos a continuación en nuestras vidas será el de enfrentarnos a un enorme gigante que todos llevamos dentro, el del miedo.

En un primer intento podríamos definirlo como aquella perturbación angustiosa del ánimo por un riesgo o daño, bien real, bien imaginario. No está mal como primera definición, aunque, siendo francos, no podemos pararnos en definiciones específicas, ya que tanto el miedo como el resto de emociones sufren sus propias alteraciones dentro de cada individuo, su evolución en la dinámica de espiral.

Al igual que hemos discernido con las estructuras del cerebro, las emociones también independientes y comunicadas entre sí, guardan una relación estrecha en función del estado de cada individuo, de lo preparado que se esté, ya que la misma emoción se expresa con diferente intensidad en cada uno de nosotros. No sólo por nuestra preparación interior sino por cómo están actuando el resto de emociones ligadas entre sí.

Con atuendo viejo, lleno de agujeros y unas botas que no usábamos desde hace años, nos disponemos a jugar contra nuestro primer rival, nos adentramos en nuestro primer partido emocional, el del miedo.

> *En los asuntos del miedo nadie mejor que nuestra extraordinaria guía y escritora Pilar Jericó, en cuya obra No Miedo nos revela toda la esencia del mismo.*

¿Cómo se expresa la emoción del miedo?

Para identificarlo deben primero distinguir que es algo que llevamos dentro al tratarse de un patrón que se nos instala en el momento en el que venimos a este mundo, ya que nacemos solos. Se instala la primera inscripción de carencia en el individuo. A partir de aquí se establece como un calco de este estado inicial de insuficiencia, desprotección y necesidad, hasta el punto de que el miedo se alimenta de nuestras carencias y al mismo tiempo como servidor fiel para anticipar tanto el sufrimiento y el peligro como para reaccionar ante ellos.

Por tanto, el miedo es una emoción primaria, no es un rasgo patológico o neurótico de la personalidad. Emoción congénita en cada individuo que nos pone alerta ante esas situaciones peligrosas y al mismo tiempo desagradables. Cuando sentimos miedo ante la situación a la que nos enfrentamos, los mecanismos fisiológicos para la respuesta determinada se ponen en marcha.

Es una experiencia a la que nos vamos a tener que enfrentar cada uno de nosotros durante el transcurso de nuestras vidas una y otra vez. En la medida que aceptemos que está ahí presente, antes podremos comenzar a comprenderlo, a saber cómo nos afecta de manera individual y poder así gestionarlo con éxito en el futuro.

> *"El miedo es mi compañero más fiel, jamás me ha engañado para irse con otro".*
>
> **Woody Allen**

El miedo es una experiencia innata en la naturaleza humana. Frente a él descubrimos la dimensión del peligro y de la nada, por lo que su digestión es dolorosa. ¿Miedo? ¿A qué? ¿Al jefe? ¿A perder un trabajo? ¿A un divorcio? ¿A no poder pagar la hipoteca? ¿Acaso es tuya la casa en la que vives?, ¿o es del banco? o en el fondo lo que te pasa es que...

¿te has metido en tantas cosas que ya no eres feliz y te agobia no poder llegar a final de mes? Entonces, ¿por qué compraste aquel piso o aquel coche cuando no debías? ¿Por qué cogiste lo que no te fue dado si ni tan siquiera lo has ganado aún? ¿Te dejaste llevar por el momento? ¿No pudiste controlar tus emociones? ¿No creen que realmente todo lo que nos pasa está en uno mismo?, ¿en las decisiones que tomamos?, ¿en lo poco que nos conocemos?, ¿en las cosas que anticipamos y prejuzgamos?

Como respuesta a estas y otras preguntas, circulan por el mundo historias verídicas fascinantes de personas que un buen día lo pierden todo y que tuvieron que aprender a vivir sin nada, para que a través de la sencillez y la austeridad supieran reencontrar y descubrir el valor de vivir.

Michael Gates Gill, publica su entrañable historia en su libro *Cómo Starbucks me salvó la vida*. Michael lo tenía todo, hijo de conocido periodista, casa, familia, un gran empleo como director creativo... pero un buen día, todo cambió. Su despido y su infidelidad hicieron que su familia renunciara de él. Para colmo, más tarde, un tumor cerebral le fue diagnosticado. Al borde de la nada y con una vida arruinada, el trabajo que Crystal, su futuro jefe, le ofreció en Starbucks, iba a ofrecerle otra gran oportunidad para contemplar la vida desde una perspectiva totalmente distinta. Oportunidad esta que le haría superar prejuicios y sentir auténtico respeto por sí mismo y por los demás.

Volviendo a las preguntas que les hemos planteado y que han incentivado la mayoría de los problemas que hoy tenemos muchos de nosotros, además de otras muchas cosas que se pueden extraer del caso de Michael Gates, sí queremos destacar una máxima que está ausente en gran medida en la mayoría de las empresas de hoy en día. Les hablamos de liberarse de la necesidad de llegar más alto. El éxito consiste en aprender a valorarse por lo que somos y no por lo que tenemos. Sólo observando desde fuera este mundo artificial y competitivo podremos reconocer nuestras debilidades y acceder así a nuestro verdadero *Yo*.

Como le sucediera a Michael Gates en sus diferentes formas de expresión, vemos cómo el miedo suele vestirse con ropajes ajenos, disfraces que intentan disimular su presencia. A veces lo confundimos con la prudencia, la modestia, la preocupación y hasta con el propio miedo, pero las máscaras más usuales suelen ser la timidez, el anhelo de perfección, el pesimismo, el escepticismo, el aburrimiento, la vanidad, el autoritarismo, el odio, la hipocresía; y toda una multitud de comportamientos instalados y aceptados en nuestro hacer diario que como principio básico tienen y tendrán siempre el miedo.

De manera más educativa y para que nos conozcamos, nos resistiremos ante diferentes dimensiones emocionales del miedo. Como les anticipamos, deberemos sintonizar nuestro ecualizador del miedo antes de jugar el partido, establecer la alineación que queremos poner donde desde el portero hasta el delantero jueguen sincronizados para que cuando el balón comience a rodar, no se convierta en caos y desconcierto con el rival cuando este tenga la posesión del balón, es decir, la emoción. Así que si este nos ataca sabremos el modo de defendernos mejor. No basta con conocer nuestras fortalezas. Más importante aún, deberemos conocer nuestras debilidades, ya que es por ahí por donde el miedo y el resto de emociones vendrán para debilitarnos.

Estas debilidades son nuestras limitaciones. Limitaciones que entrenaremos a diario para convertirlas en potenciales fortalezas. Consiste en trabajar lo que no se tiene, por lo que tendremos que cambiar los registros consecuentemente instalados por nuestra memoria, obligándonos a transformarlos hacia el lado positivo de la emoción. El volumen de nuestros ecualizadores emocionales obedecerá a cada uno de nosotros, de lo que estemos dispuestos a sacrificar. Está en nuestras manos pues jugar los partidos según el grado de intensidad que queramos imprimirle a cada instante de nuestras vidas.

¿Cómo se digiere o gestiona el miedo?

Debemos aprender a identificar la intensidad con la que queremos jugar cada preciso instante, por lo tanto tenemos que asimilar el digerir de cada uno de los cinco estados emocionales del miedo de los que hablaremos a continuación. ¿Cómo digerimos esto, pues? ¿Cómo nos preparamos para gestionar las fases de este partido?

Si entendemos el miedo como un compañero que nos puede empujar a realizar, a avanzar en un camino de evolución y de ser nosotros mismos, este nos ayudará a ir integrándonos cada vez más a nuestro destino. Camino que nadie puede recorrer por nosotros y que si no recorremos, nunca seremos nada ni nadie.

Debemos pasar a la acción y batallarlo. Para ello tenemos que sentirlo con toda la intensidad con la que nos visite, que llene nuestras vísceras, nuestra mente, que nos colme de manera que conozcamos cada uno de sus repliegues. Darle la batalla en el lugar en el que se nos presente. No vencemos el miedo negándolo o no teniéndolo, sino que hemos de desarrollar una virtud que nos permita sobreponernos a él. El coraje y valor son sin duda la espada y el escudo para la batalla, protegidos ambos por la armadura de la fuerza de la fe. Todo ello a lomos del caballo de la confianza en uno mismo, el que nos llevará al camino de la victoria.

El día que comprendan que el miedo es el amigo fiel que nos va a ir señalando cómo nos vamos relacionando, cómo nos enfrentamos a los demás y a nosotros mismos, estarán en el camino correcto. Es la existencia del miedo que llevamos dentro la que hace que directivos, futbolistas, artistas, toreros, entre otros muchos, quieran enfrentarse a él como un reto personal, como algo grande. Miedo a enfrentarse al presidente de la compañía, futbolista que tiene miedo a fallar un penalti, el miedo escénico de los artistas e incluso el miedo a morir de un torero.

Así es como digieren y ecualizan su miedo. Lo sienten en toda su intensidad, lo viven, se van a comer con él, lo comprenden, le hablan, le sugieren. Un ejemplo claro lo tenemos en los toreros. Lo gestionan y no dejan que el miedo les negocie porque lo conocen tan bien que cuando este les huye, lo vuelven a llamar para que regrese, lo aman tanto que lo necesitan para seguir viviendo. Lo observan y lo estudian en toda su magnitud. Se alimentan de él para saber qué tienen que hacer la próxima vez, pero más importante aún, para que cuando lo gestionen lo hagan de manera natural.

> *Nos vienen al recuerdo actuaciones como las del torero José Tomás o cualquier otro compañero de profesión, en las que se juegan la vida, donde su acto de valentía es el de abandonar su cuerpo físico. Un nivel de conciencia superior que diferencia a las grandes figuras del toreo y que nada tiene que ver con otros tipos de miedos de los que les hablaremos.*

Aquí reside el valor de sus acciones. Es el miedo el que nos permite alcanzar límites insospechados, de ahí que es sin duda su gran amigo del alma, lo quieran o no.

¿Cómo se expresa el miedo según la dinámica del proceso evolutivo?

Llegó la hora de afrontar nuestro primer partido y en el que nos esperan distintos registros emocionales del juego contra el rival *miedo*.

Dentro de esta emoción del miedo, cinco son los registros emocionales que tenemos que ser capaces de identificar para poder asimilar posteriormente el contenido de los sentimientos que se procesan en cada uno de ellos según vimos en la *figura 1*. Se trata de cambiar la amplitud de frecuencia de dichas emociones y sentirlas con diferente volumen. Con esto conseguiremos variar de forma independiente la intensidad de las emociones básicas para que, según la ya descrita dualidad de este universo, seamos capaces de tomar decisiones pasando de lo limitante de cada estado emocional a su inverso positivo o fortalecedor, reparador. En cada registro veremos qué decisiones podemos tomar para que dicha emoción no nos limite sintonizando hacia el lado en el que la emoción sea reconstituyente o positiva. Como dijera el doctor Bach, *"reconocido el defecto, potenciemos la virtud"*, de modo que ahora toca trabajar para que las emociones se conviertan en algo positivo.

Miedo Físico

Rueda el balón y el primer enfrentamiento es contra *el miedo físico*. Primer registro que se nos instala en nuestro cuerpo físico. Nos paraliza produciéndonos pánico y terror. Es el miedo a la pérdida repentina por causa de una enfermedad terminal, la pérdida de la voz, la visión o una catástrofe, en definitiva, a aquello que no nos permite seguir haciendo lo que estábamos haciendo.

Este nos paraliza por temor a las secuelas que nos puedan ocasionar dichos sucesos. Es lo que llamamos estado de pavor, de miedo extremo, de pánico, de auténtica pesadilla. Es por ello por lo que se produce una tensión generalizada, una parálisis del cuerpo, sucesos que nos hacen disparar las alarmas de subsistencia a toda costa. Aunque se dañe algún sistema que lo sustenta, nos hace activar las alarmas que permiten la huida ante la seducción de un supuesto ataque del que queremos escapar con vida.

Nos paralizan situaciones estresantes, al igual que personas a las que hemos regalado un valor y un poder en función de lo que nos representan. Progenitores exigentes, incluso con ciertos grados de violencia, profesores autoritarios, directores déspotas y avasalladores, políticos dictatoriales. En definitiva, individuos que nos obligan a mantener una actitud de caudillaje y acato que nos interrumpen en función de lo que queremos expresar o sentir en ese preciso instante. Religiones estrictas que nos imponen sin dejarnos sentir nuestras creencias. Situaciones conflictivas que no entendemos y no sabemos trascender. En resumen, todo escenario que podemos vivir como agresión a la forma que desencadena en una muerte del *Yo* que la vive.

Este miedo no es sólo por esa pérdida de las funciones físicas para el desarrollo de determinadas funciones, sino que al expresarse, nos llevan a posteriori a un período emocional de incertidumbre, del que no conocemos nada porque hemos vivido ajenos a sus ropajes, ciegos ante tales circunstancias; por lo que tenemos miedo, sí, miedo otra vez a enfrentarnos con nuestras propias inseguridades, a menos que conscientemente hayamos construido previamente los pilares necesarios para afrontar este tipo de situaciones. Pilares que reconocemos en aquellos que a pesar de sus quehaceres y obligaciones habituales, también tienen tiempo para llevar a cabo otros planes en su vida. Planes que se nos antojan más que necesarios y de los que en parte ya les hemos hablado: Tom Peter con su *Re-Imagina!*; Lolo Sainz con su nueva fórmula de entrenar y seguir vinculado a su pasión del baloncesto; en definitiva, tantas y tantas personas que merecidamente cosechan los éxitos de su reinvención gracias a tener un *plan B* de vida.

Peter Drucker en su artículo de Harvard "Managing Oneself" ("Gestión de uno mismo"), nos habla de la importancia que tiene la segunda mitad de nuestras vidas, *"The Second half of Your Life"*. Viene a destacar que debemos comenzar una segunda carrera y que esto no requiere ningún prerrequisito especial, sino que tenemos que haberla empezado mucho tiempo antes de que queramos entrar en ella. Dicho esto, les anticipamos que mientras antes inicien otros planes en sus vidas, más felices serán en el Plan que estén llevando a cabo en estos momentos, ya que este es la herramienta esencial para el éxito de su Plan B. Correspondencia recíproca fundamental para el equilibrio de sus emociones. Si Michael Gates hubiese tenido un Plan B, las cosas seguramente le hubiesen ido de otra manera.

¿Cómo evoluciona?

En cada emoción que identifiquemos distinguiremos que tiene su parte positiva.

Empezando con la primera de ellas, el miedo físico, notamos que estamos tan identificados con nuestro cuerpo físico que no atendemos a que llegará el momento en que tendremos que dejarlo para seguir nuestra evolución en un campo de conciencia distinto pero a la vez tan semejante. Es un momento decisivo, en el que el desapego a las formas se nos va a hacer patente y al mismo tiempo puede ser desarticulador según como nos enfrentemos a él. Es desde este miedo como somos incapaces para funcionar desde los sentidos, pues hemos instalado una información paralizante en base a las experiencias que hemos ido recogiendo a lo largo de nuestras vivencias.

La personalidad quiere salvar la vida a toda costa. Mantener a buen recaudo la integridad física, desarrollar los recursos para mantener la forma a salvo de agresiones externas. Lo vamos conociendo y en cada etapa de la espiral de la conciencia va apareciendo de una forma más sutil, más fina, para que poco a poco vayamos aprendiendo que tan sólo desarrollando el valor necesario para transcenderlo, es como vamos a ir encarándolo de una forma cada vez más natural, más sencilla.

Iremos entendiendo que esas situaciones a las que la vida nos ha sometido esas personas, con las que nos hemos relacionado desde el miedo, eran sólo parte del aprendizaje nuestro como seres humanos para ir desarrollando el valor como cualidad innata en nosotros, poder ir enfrentándonos a la vida con una visión más amplia y con un conocimiento más profundo de nosotros mismos.

> *Para equilibrarnos emocionalmente cuando el miedo, el terror y el pánico hagan acto de presencia, precisaremos cambiar los registros de nuestra memoria sintonizándolos hacia el extremo opuesto del ecualizador con los ingredientes de la **valentía** y la **calma**.*

¿Qué debo trascender para aprender del miedo entonces?

Aprendizaje o lección a trascender

Cada vez que tomamos conciencia del miedo físico aprenderemos algo más de nuestra personalidad finita a la vez que de nuestra esencia inmortal. Conectaremos con él para paralizar totalmente nuestro cuerpo y abandonarlo en un acto de valentía, siguiendo nuestro auténtico camino de conciencia. Ese tránsito al que todos tendremos que llegar antes o después. Mortales en lo físico pero inmortales en esencia.

Miedo a algo concreto

Nuestro segundo registro emocional es *el miedo a algo concreto*. Miedo que todos conocéis como perder el trabajo o la pareja; en definitiva, un rival que se nos presenta cada vez que estamos ante un nuevo reto en la vida. Miedo a los temores cotidianos, a las cosas conocidas como el dolor, a tener un accidente, a morir, a ser pobres, a estar solos. Fobias, hablar en público, miedo a volar, etcétera.

Aquí nos encontramos a ese tipo de personas que constantemente nos repiten "ten cuidado con esto, ten cuidado con aquello, mira por dónde vas", es, por tanto, un miedo conocido. Personas que se sienten amenazadas por el mundo exterior.

Vemos cómo profesionales del deporte tienen miedo a lesionarse de por vida o por un período largo de tiempo porque desconocen las consecuencias que dicha lesión les acarreará. Directivos de empresas que tienen pánico de ir al médico por temor al diagnóstico de una enfermedad crónica provocada en parte por el estrés laboral de esa multinacional que tanto les quiere, y que les imposibilitaría seguir desarrollando sus funciones e incluso les supondría un rango menor dentro de la estructura organizativa de dicha empresa.

En oposición al miedo físico, nos permite seguir realizando nuestras funciones. En la mayoría de los casos son miedos que se llevan por dentro, en silencio. Mucha gente los lleva en secreto, aunque eso sí, siempre conocidos. En cualquier caso, no olviden que está en los registros de su memoria y a la menor oportunidad que se le presente aparecerá y les visitará con dureza.

¿Cómo evoluciona?

La personalidad del individuo desde este miedo se vuelve introvertida y pasiva. La aceleración del ritmo cardíaco, temblores, sonrojamiento, transpiración, tartamudez son el extremo contraproducente y negativo.

Aunque desde la mente todo esté claro, el físico se ve agredido ante una amenaza para nosotros peligrosa. Toda una suma de alteraciones que nos ponen en alerta de una situación que se nos antoja amenazante. El momento es angustioso, no reconocemos qué es lo que nos hace tenerle miedo pero sabemos nombrarlo con un conocimiento total de que es esa, una situación que no queremos.

Si desarrollamos la fe en nosotros mismos, si aceptamos el reto, podremos fijarlo e integrarlo en nosotros. Entenderemos que es natural tenerlo pero no nos detendrá en nuestro quehacer diario, en cada una de esas situaciones a la que de manera instintiva venceremos con los recursos que permanecen latentes en nosotros y a los que podemos acceder cada vez que los necesitemos, pues están grabados en nuestras células y nos permiten la expresión desde este estado actual como seres humanos. Poco a poco estos indicativos serán cada vez menos amenazantes, irán perdiendo consistencia hasta que prácticamente desaparezcan, posibilitando acciones que antes nos limitaban en nuestra expresión normal y no nos pone en situaciones de un interrogatorio continuo sobre los contenidos de este mundo.

> Cambiaremos este registro hacia el extremo del enfrentamiento con seguridad, manteniendo una condición de **humor** frente a las dificultades donde la **valentía** aparece de nuevo como ingrediente complementario y de apoyo necesario para combatir dicho estado emocional.

¿Qué debo trascender para aprender entonces?

Aprendizaje

La personalidad desde este otro miedo está teniendo el aprendizaje de mantener a salvo nuestra integridad física y evitar cualquier suceso que pueda provocar daño en cualquier ámbito del ser. Es la aceptación de un mundo físico como campo de expresión de nuestra verdadera naturaleza. Esto permite la expresión audaz y valiente y el desarrollo de las habilidades innatas de nuestros recursos, nuestro talento.

Miedo mental

Ya inmersos en el proceso natural de esta emoción que llamamos miedo, sentido en nuestro físico y en nuestro campo emocional, como hemos comprobado con los dos registros anteriores, lo vamos estable-ciendo ahora en nuestra mente, lo que nos conduce a nuestro tercer registro emocional, *el miedo mental*.

Este miedo es el que nos hace tener miedo al propio miedo, han oído bien, al miedo en sí, a perder el control. Nos sumergimos en el campo que nos lleva a cometer una barbaridad. Esa pérdida de control nos con-duce a la locura, desde donde podemos llegar incluso al suicidio.

Asentado dicho miedo en nuestra mente, comienza una pugna por expandirse hacia nuevos límites y en donde nuestra personalidad no quiere hacerse consciente de sus conflictos interiores, por lo que el ex-terior se torna amenazante y lo consideramos como el detonante de nuestros conflictos. Por ejemplo, imaginen que nuestra mente es un globo que va inflándose poco a poco de aire. Dicho aire es el contenido que a medida que se acumula en el globo, irá creciendo sin parar hasta un punto en que el globo estallará. Lo mismo ocurre con nuestra men-te, que no ha podido aguantar ante tanto contenido reprimido y que ya no puede ser gestionado al disiparse con el aire exterior.

Todo lo que existe en nuestra mente ordinaria forma parte de nues-tra personalidad. Lo oculto y la sombra que no reconocemos en esa parte de la personalidad por unos códigos impuestos, registros instala-dos en nuestra memoria, nos hace tener una imagen idílica de nosotros mismos. El hecho de no conocer determinados registros nos arrastra a una personalidad reprimida ya que pensamos que así podremos seguir manteniendo el control. Control de una vida y unas situaciones que nos hacen perder la espontaneidad normal de nuestro carácter, perdiendo así la capacidad de resolver las situaciones en cada instante de nues-tras vidas.

Desde esta mente controladora, no dejamos nada para la improvisa-ción con pretensiones más allá de nuestra propia voluntad. Se somete a la ausencia de una posible experiencia enriquecedora que pudiera ampliar nuestros límites para ir gestionando con mayor fluidez sin la necesidad de ser perfectos.

Cargamos la mente de tanta información que intentamos intervenir desde ella cada situación y la tensión generalizada que aparece en todo el cuerpo nos lleva a actuaciones atropelladas e incontroladas, empu-jándonos a actuar de una forma que ni nosotros mismos queríamos si nos hubiésemos dejado llevar con naturalidad.

Miedo mental que hace acto de presencia en comités y planes es-tratégicos de empresas, en los que la abundante información hace que se pierda la esencia inicial del proyecto o de la reunión, donde todo el mundo está desbordado. Esto es ni más ni menos producto del miedo a seguir para adelante.

¿Cómo evoluciona?

Aceptado nuestro lado oscuro y derribados los muros impuestos, ampliamos la conciencia hacia otra espiral normal de la evolución. La *serenidad* y la *compresión* aparecen de una forma casi sin sentir y nos abrimos a la vida con una actitud menos aniquiladora de nuestro *Yo*. La mente como herramienta puesta a nuestro servicio ya no nos domina y la usamos para poder gestionar las cosas con habilidad.

Debemos por tanto expresarnos desde la mente tal cual somos. Aceptando que es en este nuevo reto el modo en el que podemos ir ampliando nuestro conocimiento, donde las resistencias mentales impuestas por nosotros mismos tan sólo nos arrastran hacia una conducta autodestructiva de nuestro ser.

Como podrán ir sintiendo, el primer registro emocional nos señalaba hacia el extremo de la valentía y la calma. El segundo nos vuelve a reforzar la valentía pero añadiéndole unas gotas de sentido del humor al asunto. Y ahora en el extremo de este tercer registro proponemos otra vez *calma*.

> **Calma** no sólo para permanecer tranquilos, sino para progresar con un **estado de lucidez** y **actuar racionalmente**. No basta sólo con estar calmado, hay que tirar ahora de razón para descubrir el contenido de cada metro cuadrado del césped en el que jugamos, cada metro cuadrado de nuestro *Yo* y poder así transitar por estos metros con fluidez. Mantener el control para ser "perfectos" en cada situación.

Un ejemplo claro de esta "perfección" lo tenemos cuando comenzamos una relación o cuando tenemos una entrevista para conseguir un puesto de trabajo que deseamos. Somos capaces de concentrarnos hasta el punto que rozamos dicha "perfección". Nos esforzamos conscientemente para que nuestros actos, palabras, en definitiva, nuestro comportamiento sea del agrado de la otra persona. Actuamos como en una partida de ajedrez en la que se conoce cada cuadro del tablero y los movimientos que implica mover cada una de las fichas; o como un piloto de fórmula uno, horas de simulador para afrontar un gran premio, para que un pequeño error de milésima de segundos no dé al traste con la carrera. ¿Creen que los pilotos de fórmula uno no tienen miedo cuando corren? Estamos seguros de que en cada curva, pero una vez que se ponen al volante dejan sus miedos bien aparcaditos en los boxes. Así pues, dejen sus miedos en casa cuando vayan a una entrevista de trabajo o se enfrenten a un comité plagado de directivos hambrientos por verles fracasar.

Aprendizaje

El miedo mental permite un aprendizaje para descubrir y manejar con soltura otros aspectos más allá de la mente lineal manteniendo nuestra conciencia intacta.

Miedo transpersonal

Concentrados en el juego, abrimos la mente y empezamos a observar otros matices de la realidad total. Entramos en el cuarto registro emocional de este partido.

Es aquí cuando empezamos a percibir otras dimensiones que llegan incluso a confundirse con la intuición. De repente y sin saber por qué, visualizamos una jugada determinada para la que nos colocamos premonitoriamente adivinando que el balón va a ir a parar a dicho sitio. Reuniones de empresa en las que sabes que al final se llegará a ese punto que tienes guardado y que espera su momento. Cosas que cuando suceden, nuestra mente ya las ha vivido antes de que ocurriesen, pero que tomamos consciencia una vez se dan. Esto no está basado en la información previa con la que hemos cargado nuestra mente. Obedece a un sentimiento extraño desde el corazón que es capaz de visualizar una dirección, opción o acción sin motivo aparente. Impulso que nos resulta familiar con el pseudónimo de corazonada. Difícil de explicar pero que cobra todo su sentido cuando los hechos premonitorios se han consumado tal y como los habíamos vaticinado. Es este estado emocional el que personifica *el miedo transpersonal*.

Este miedo nos produce un desconcierto que imprime a la personalidad un temor a lo desconocido, a lo sobrenatural, a todo aquello que no podemos nombrar, a lo milagroso. Síntomas como desasosiego, ansiedad repentina sin causa que la justifique, piel de gallina, palidez, pánico nocturno, imposibilidad para pasear o estar en la oscuridad, nos impiden apertura a lo desconocido y la ampliación de la conciencia para captar lo que hay detrás del miedo.

Es un miedo a lo que vendrá en alas de una inseguridad sin ver que la vida no nos pondrá nunca ante situaciones que no podamos resolver, *"Dios aprieta pero no ahoga"*. Es precisamente en estas situaciones futuras en las que más confianza hemos de poner para trascender la limitación ahora sentida en nuestra personalidad y realidad.

Lo que es ahora no es luego, aceptar el eterno ahora. El pasado ya pasó, el futuro ya vendrá y sólo existe el eterno presente. Vivir el momento con intensidad como si fuese la última jugada del partido, la última decisión empresarial, el último paso en nuestro camino, con el único propósito de vaciarnos en este preciso y único instante. Sólo de esta forma el tiempo se borrará de nuestra mente abriéndose a otros mundos donde nos vamos reconociendo y en los que nos adentraremos a otros niveles de conciencia tan sólo si así lo elegimos. Se trata pues de desarrollar la fe. Fe de que tras nuestra existencia hay algo más que nos sostiene y nos cuida para poder seguir inmersos en esta etapa de la evolución humana.

Nos viene a la mente de nuevo nuestro queridísimo ex entrenador de la selección española de baloncesto Lolo Sainz al conferenciarnos sobre su concepto de alto rendimiento de cómo debemos afrontar los partidos. Lolo nos habla de cuatro tiempos que cuando los narra, no hay que ser muy listos para darse cuenta de que no habla de los cuatro tiempos que el reglamento dicta, sino que se adentra en una reflexión emocional a partir de la cual los equipos pueden convertirse en equipos ganadores. El primer tiempo es el de *ir a por todas*, arrancar al máximo; el segundo es el *choque con la realidad* desde donde debemos aprender a corregir los errores cometidos; el tercero, el cual queremos destacar por su similitud con nuestro miedo transpersonal, es el de la *fe ciega en el objetivo*, esta es la fe de la que le hablamos; y por último y después de haber atravesado estos tres tiempos, el cuarto, *vaciarse para ganar*.

¿Cuántas veces hemos visto eventos deportivos en los que nuestro jugador o equipo estaba siendo vapuleado por el rival y lo dábamos todo por perdido?, y de repente, cuando menos lo esperábamos, nos damos la vuelta y vemos que el resultado cambiaba a nuestro favor. Cuando ya no apostábamos un duro por la posible victoria, en un instante y como si surgiese de la nada, las cosas se tornan; aunque pregúntense, ¿no ha sido en realidad ahí cuando más han disfrutado y gozado de un partido? Pues bien, les guste o no, mientras muchos arrojamos la toalla y damos las cosas por perdidas –un partido, un contrato, un trabajo–, tenemos la obligación, al menos, de no abandonarnos y no perder la confianza. Esta es la fe ciega en la que nos afirmamos con Lolo y con otras muchas iniciativas.

¿Cómo evoluciona?

Estamos ya en el cuarto registro de nuestro ecualizador, donde la corazonada nos señala acciones incoherentes, indescifrables y confusas para nuestra mente. El extremo negativo provoca que nuestra personalidad quede incapacitada para maniobrar con talento, lo aniquila sin más.

Queremos protegernos del posible daño que se cree podrá sufrir la personalidad al penetrar en un ámbito desconocido, pues somos nosotros los que nos imponemos las barreras de entrada en otros campos de existencia y de conciencia.

Agarrados a los sentimientos de seguridad que hemos ido fijando en nuestro interior, proponemos ahora sintonicen esta emoción transpersonal hacia el extremo positivo con los ingredientes de la **intrepidez** y la **apertura**, sin olvidar conceder todo esto bajo el abrazo de la *sensibilidad* y la *ternura*.

Es la evolución de nuestro miedo mental el que nos ha conducido hasta esta expresión transpersonal. Miedo que con su afán por controlarlo todo, aniquilaba nuestra voluntad. Voluntad que ahora debe emplearse hacia el atrevimiento. Santi, en sus clases sobre liderazgo, repite hasta la saciedad la bravura y el coraje de Rafa Nadal. Arrojo en cada bola que golpea. Todo gracias a una fortaleza mental en la que integra el esfuerzo y la disciplina como elementos culturales. Con esta *energía*, de *atrevimiento* y *voluntad* es como cambiarán sin duda el registro del miedo transpersonal.

Aprendizaje

Viene a expresarse para que aprendamos y nos iniciemos en la apertura, el atrevimiento hacia dimensiones más allá de lo físico, lo espiritual.

Miedo por el bienestar de los demás

Ocurrido el milagro de la remontada de un partido que dábamos por perdido, es cuando comenzamos a tener trascendencia de que hay algo más. Empezamos a vislumbrar el más allá. Y ante esto podemos empezar a tener conciencia del amor filial, por lo que estamos ante nuestro último registro emocional, *el miedo por el bienestar de los demás*.

Al principio no diferenciamos a los seres inmersos en nuestras relaciones afectivas y vivimos el miedo excesivo del bienestar de los demás. Lo que le ocurre al otro es como si me ocurriera a mí, así también puedo vivir mis éxitos a través de los éxitos de los demás. No queremos que nuestros seres queridos sufran una desgracia. No sabemos vivir el miedo como algo individual y lo extendemos a los demás sin entender que cada uno ha de seguir su propio camino, su propio aprendizaje. Entregarnos al auténtico amor ya que el origen del miedo es la asociación a la pérdida. Procede de la unión del amor y de la guerra según la mitología griega; del romance entre la diosa del Amor, Venus, y el dios de la guerra, Marte.

Siempre alertas a las necesidades de los demás, obviamos las capacidades de estos para satisfacer las suyas propias e impidiendo el desarrollo del otro. En esta necesidad constante de satisfacer a los demás estamos demorando el enfrentamiento con nuestros miedos, con nuestras propias necesidades para aplazar el careo con la vida. Así justificamos el amor en función del sufrimiento que tenemos y creemos que cuanto más sufrimos, más amamos.

No hacemos algo que deseamos o entendemos como parte de nuestra felicidad en virtud del sufrimiento que le estoy provocando a ese hijo si me divorcio, a ese jefe que tanto me ayudó si lo dejo, a esa madre que me cuidó y no puedo yo ahora. Multitud de situaciones que nos hacen sufrir en pos de los demás y no nos dejan sentir que lo que dejamos de hacer es por nosotros mismos, pues vivimos esa situación desde el miedo.

¿Cómo evoluciona?

Registro cuya expresión negativa nos hace sufrir por la no aceptación de lo que estamos viviendo. Evitar a toda costa que la atención se centre en las necesidades propias para prorrogar así la confrontación con la vida. Tan sólo de la aceptación de esa situación a la que nos tenemos que enfrentar, queramos o no, de que a nuestros seres queridos les pueden ocurrir desgracias, evitaremos dicho sufrimiento. Aunque sin resignación, esperando que eso pueda cambiar o si no, al menos aceptando el conflicto en toda su dimensión para gestionarlo.

> La preocupación debe ser sintonizada hacia el lado de la tranquilidad en casos de emergencia, **preocupación sí pero sin exageración**. Avituallaremos en un pueblo llamado **tranquilidad** y que aparece en el mapa de nuestro viaje emocional.

Partidos en los que la aceleración y la precipitación no llevan más que al error, peor aún, a poner nuestro talento a disposición del contrario por nuestra propia inmolación provocada por el arraigo de todos estos miedos.

Aprendizaje

Desde aquí aprendemos a tener conciencia de los vínculos afectivos. Desde la individualidad y el crecimiento mutuo aceptamos las vivencias ajenas como fruto de la propia experiencia individual de la persona que lo vive con la confianza de que cada uno llegue a su propio destino. Aquí solo cabe, el Amor. Y que sea este amor filial el que surja entre los seres humanos como embrión del verdadero amor incondicional.

Para terminar con nuestro ecualizador del miedo y tras haber manipulado bruscamente los registros de las frecuencias emocionales de cada uno de sus estados, concluimos con una parada obligatoria en el proceso de nuestra toma de decisiones, de manera que se convierta en una transformación personal como individuo. Por ello y para manejar dichas frecuencias con sensibilidad y sabiduría, hay que transcender finalmente para aprender, es decir, extraer la lección del cambio sufrido de manera que se convierta en la guía de nuestra etapa de retroalimentación, de *feedback*.

ESQUEMA PARA SINTONIZAR SUS MIEDOS

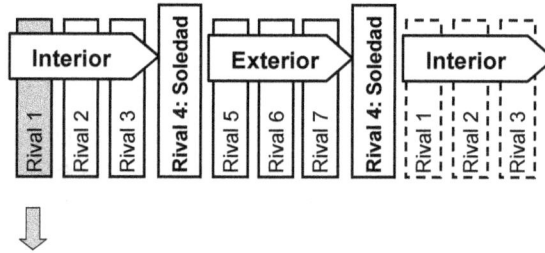

Interior	Rival 4: Soledad	Exterior	Rival 4: Soledad	Interior

Rival 1 · Rival 2 · Rival 3 · Rival 4: Soledad · Rival 5 · Rival 6 · Rival 7 · Rival 4: Soledad · Rival 1 · Rival 2 · Rival 3

ECUALIZADOR DE LA EMOCIÓN MIEDO

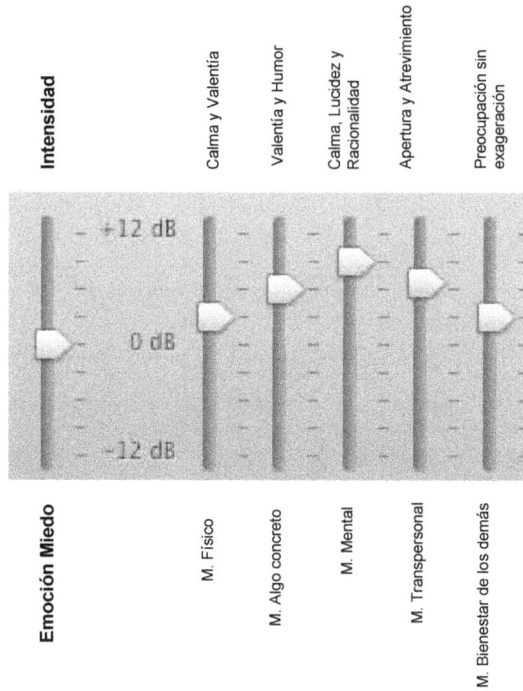

Intensidad

Calma y Valentía · Valentía y Humor · Calma, Lucidez y Racionalidad · Apertura y Atrevimiento · Preocupación sin exageración

+12 dB

0 dB

-12 dB

Emoción Miedo

M. Físico · M. Algo concreto · M. Mental · M. Transpersonal · M. Bienestar de los demás

CUANDO TOMES DECISIONES, ¡RECUERDA!

- El miedo es algo que llevamos dentro al tratarse de un patrón que se nos instala en el momento en el que venimos a este mundo ya que nacemos solos.

- El miedo es una emoción primaria, no es un rasgo patológico o neurótico de la personalidad.

- El miedo es una experiencia innata en la naturaleza humana.

- "A lo único que tenemos que temer es al miedo por sí mismo". Franklin Delano Roosevelt.

- El gran miedo a entrar en la vida es el terror a ser libres.

- El miedo para el alma es la fobia a sentir soledad, el miedo a ser nosotros mismos.

- Nosotros no amamos, tan sólo tememos.

"Sólo una cosa vuelve un sueño imposible:
el miedo a fracasar".

Paulo Coelho

Rival 2

El sendero a transitar: la incertidumbre

*Si naciera de nuevo viviría de manera diferente porque
he dedicado más del ochenta por ciento del tiempo
a prepararme para problemas que nunca se presentaron".*

Jorge Luis Borges

La vida es cambio. Nada cambia si no se toman decisiones y se ejecutan.

Recordarán a nuestros queridísimos ratones Fisgón y Escurridizo, o a los liliputienses Hem y Haw, con los que Spencer Johnson a través de su obra *¿Quién se ha llevado mi queso?"* se las ingenió para explicarnos cómo debemos adaptarnos a un mundo en constante cambio. Como ya hemos visto con nuestro primer rival, esos cambios son los que nos sumergen en un terreno temeroso impidiéndonos aceptar la permuta de las cosas por el simple hecho de existir. Existencia que nos llevó a mostraros el principio hermenéutico de dualidad en todo lo que existe, *"como es arriba es abajo"*.

Más allá de nuestros miedos tenemos que enfrentarnos a este nuevo rival de *la incertidumbre*, estado emocional que aparece cuando no sabemos hacia dónde dirigir nuestros pasos.

Acabamos de ver cómo al emprender algo en función de etapas que sabemos han terminado, aparece primero el miedo. Debajo de toda incertidumbre siempre hay un miedo. Emoción contraria al valor que hemos de tener para sumergirnos de lleno en esa otra etapa que aunque no entendemos desde la mente sí comprendemos desde la conciencia. Sin saber de dónde esa idea emerge interfiriendo nuestro razonamiento pero que empuja a la acción teniendo seguridad en lo que se piensa y en lo que se quiere realizar, comenzamos por tanto a jugar este partido sabiendo desde el primer instante que todo es incierto y en el que nadie sabe cuál será el resultado final del mismo.

> *"La incertidumbre es una margarita cuyos pétalos no se terminan jamás de deshojar".*
>
> **Mario Vargas Llosa**

La incertidumbre hace que nos sentemos delante del televisor a ver cualquier evento deportivo, aun sabiendo que hay cierta probabilidad de que gane uno o el otro. Sin embargo, a medida que el juego avanza, deportistas, empresas, todos y cada uno de nosotros, vamos tomando decisiones que hacen que finalmente la balanza se decante hacia un lado. Es la toma de decisión la que marcará la gran diferencia entre un resultado u otro en este partido de la incertidumbre.

Nuestro queridísimo profesor del IESE Miguel Ángel Ariño junto con Pablo Maella, en su libro *Iceberg a la vista*, nos guían para ayudarnos a tomar mejores decisiones que permitan conseguir nuestros objetivos recurriendo a la conocida tragedia del *Titanic*, y trazando un paralelismo entre las malas decisiones adoptadas en el hundimiento del barco bautizado como "el insumergible" y las decisiones que todos adoptamos en nuestra vida laboral y personal. Nos hablan de los principios para tomar decisiones sin hundirnos y nos explican que uno puede tomar una buena decisión y no conseguir el resultado que pretendía y al revés, y que este hecho nos está diciendo que no es posible saber, a la vista de los resultados, si se ha decidido bien o mal. Asimismo apuntan que *"vivir es tomar decisiones; y tomar decisiones es vivir"*, por lo que habrá que asumir este riesgo.

Identificar nuestros objetivos, plantear problemas realistas, no autoengañarnos pensando que las cosas son como pensamos, que son distintas a como en realidad son, acertar con información relevante en cada situación. En definitiva, reconocer que la incertidumbre existe y hay que gestionarla. Cuando anticipamos la probabilidad del resultado final de un hecho, falsamente actuamos dando por consumado que esto ocurrirá, por lo que automáticamente perdemos el interés sobre dicho asunto y por tanto de su toma de decisión. Debemos ser conscientes de que todo no es racionalidad, ya que, como hemos dicho, somos producto de razón y emoción.

Sin entrar en probabilidades ni estadísticas, ya que para eso tenemos a nuestro buen amigo Miguel Ángel, lo cierto son los hechos que ocurren. Por eso, antes de adentrarnos en la ciénaga de la incertidumbre, formulamos que la certeza es ni más ni menos que la consecuencia del camino transitado, por tanto siempre al principio hay incertidumbre y ante tal incertidumbre lo que cabe es *determinación*. Determinación para llevar a cabo lo decidido. Ponerlo en práctica.

Sí pasáramos un día en cualquier empresa y nos dejasen entrar en sus comités de dirección, de estrategia o incluso en uno de recursos humanos, observaríamos cómo los individuos dan respuestas certeras a todo lo pasado, pero cuando llega el turno del futuro ¡ay amigos! las dudas se apoderan de todos ellos. Es precisamente desde ese futuro desde donde tomamos decisiones. Decisiones siempre bajo el paraguas de la emoción incertidumbre. Financieros que quieren cubrir sus riesgos proyectando los resultados de la compañía, y los de recursos humanos queriendo acertar con el candidato ideal, cuando en realidad nadie sabe lo que sucederá mañana.

Nadie puede garantizar que el candidato elegido ya no es como se esperaba. Bien porque sus circunstancias personales han cambiado o porque las condiciones de mercado han dado un giro inesperado que afecta al modelo de incentivos planteado inicialmente. En cualquier caso, estén seguros de que deberán saber aprender a vivir siempre con la eterna incertidumbre del qué sucederá más allá de este mismo y preciso instante. Por ello, si supiésemos que íbamos a ganar, no jugaríamos los partidos, no tendríamos comités en las empresas, no haríamos nada de lo que hacemos y que creemos es válido. Al menos quédense siempre con que han intentado hacerlo lo mejor que sabían en aquel momento, y que como dice la célebre cita, *"lo hicieron porque no sabían que era imposible"*.

Ante un mundo en el que nos movemos con tanta incertidumbre y en el que mientras más complejo, más incertidumbre se presenta, no cabe otra cosa más que impregnarse de la cultura del error. Error que cuando se manifiesta nos da al menos la certeza de que la próxima vez no lo haremos de ese mismo modo, como demostró la paciencia de Thomas Edison, *"ahora ya sé mil formas de no hacer una bombilla"*. No hay cabida para las grandes ideas, sólo para el trabajo diario a base de prueba y error.

Miguel Ángel y Pablo nos hablan de la importancia que la creatividad y la intuición tienen en el proceso de la toma de decisiones y que compartimos plenamente. Esto es algo que hemos podido comprobar durante años con la mundialmente famosa *western culture* que nació en Silicon Valley, California, donde el error se sigue celebrando como un rotundo éxito. Donde se premia a aquellos emprendedores que tienen experiencia en la empresa del Error, S.A. ya que nadie mejor que ellos conocen ahora mil formas distintas de no empezar una empresa o de hacer una determinada tarea. Como dijo San Agustín, *"Errar es de humano, perseverar en el error es diabólico"*.

No se trata de cometer errores gratuitamente sino de errar bajo un proceso metódicamente estudiado. Con objeto de gestionar la incertidumbre apelamos aquí a la importancia que la innovación tiene en la toma de decisiones, desde la cual surge la libertad creativa que nos permitirá acotar las posibles variables a tener en cuenta en muchas de las decisiones que tomamos, y no por los resultados que se esperan obtener a partir de esta sino por lo que supone como verdadero proceso de transformación.

Todavía hay gente que no entiende que innovar es también un proceso de transformación, no es una función que se le da a un individuo para que innove y dirija un departamento de I+D+i. Es bajo este prisma de proceso como identificaremos los errores que verdaderamente tienen su peso en nuestras vidas.

En una sesión, *workshop*, que Ignacio tuvo ocasión de experimentar en San Francisco con el director creativo de la firma Frog design, inc., Adam Richardson, y que ha trabajado con empresas como HP, Intel, Yahoo, Motorola y Logitech entre otras muchas, pudo comprobar cómo el proceso de innovar consistía en fases independientes y que cubiertas estas, el resultado final no solo había cubierto todas las incertidumbres que el diseño de un producto o servicio había planteado inicialmente, sino que además, se había aportado un valor extra inesperado gracias a dicho proceso establecido para ello y en el que los individuos ponen libremente todo su talento, su pasión, sus ideas y su creatividad en favor de dicho proyecto.

> En dicho proceso Adam Richardson con su obra *Innovation X* nos sumerge a lo largo de cuatro métodos claves en honor a cada uno de los extremos de la X del título de su obra, inmersión, convergencia, divergencia y adaptación. Como apuntábamos antes con Santi acerca de la disciplina, es esta junto con el rigor, los atributos necesarios que han de darse para que la innovación sea un proceso de transformación verdadero. Para lo que les sugerimos igualmente el libro, *Innovation: The Five Disciplines for Creating What Customers Want*; by SRI President and CEO Curt Carlson.

Innoven y podrán comprobar cómo se reducen sus incertidumbres y aumentan sus alternativas, pero recuerden, háganlo bajo un proceso que les permita aprender de los errores u omisiones, de las consecuencias que dichas decisiones tienen.

La vida es cambio, innovar lo es también. Aunque lo primero a lo que se resisten las empresas y las personas es precisamente a dicho cambio, ya que nadie quiere incertidumbres. No proponemos cambios radicales pero sí aprender que el camino se recorre a base de un largo proceso que va de abajo arriba, y no de arriba abajo, de dentro a fuera. Detrás de todas esas incertidumbres está siempre el miedo, miedo una vez más a lo desconocido. Conozcan antes sus miedos y luego podrán así gestionar la incertidumbre.

Buscamos constantemente lo seguro, lo indiscutible, por eso no queremos enfrentarnos a la inseguridad, a la indecisión, a la duda. Es aquí donde nos adentramos en este complicadísimo partido. ¡Vamos!

¿No esperarían que sólo con vencer sus miedos ya iban a ganar la liga? Si quieren ganar a este nuevo rival han de atreverse a dar pasos inciertos. Sólo así podrán comprobar si están en lo cierto.

Dudamos, desconfiamos, sospechamos y tememos. Nos frustramos a causa de dicha incertidumbre que llena nuestro interior y nos plantea innumerables cuestiones desde la mente que vuelve a paralizarnos. Hace que no hagamos lo más importante. El impulso hacia ese nuevo camino por emprender sin saber si es correcto o incorrecto desaparece. Tan sólo hemos de tener la intención de experimentar y obtener un conocimiento y aprendizaje del camino transitado, experiencia enriquecedora que más adelante nos llenará de confianza y que en un futuro servirá para otra más amplia y completa.

Al igual que el miedo, la emoción incertidumbre tiene su propio ecualizador emocional aunque este, como podrán observar, con un registro más.

¿Cómo se digiere o gestiona la incertidumbre?

Al igual que planteábamos con el miedo debemos asimilar con qué intensidad queremos jugar cada instante de este partido de la incertidumbre. ¿Cómo digerimos esta? ¿Cómo nos preparamos para gestionar sus diferentes estados? Digerir los seis registros emocionales de la incertidumbre nos eleva a un nivel superior en nuestro camino del autoconocimiento. A medida que vayamos avanzando supondrá ir incorporando más ecualizadores, por tanto más registros emocionales donde tendremos que saber sintonizarlos todos casi de manera automática.

Como hemos reiterado, detrás de cualquier incertidumbre se alojan nuestros miedos. No basta sólo con sintonizar ahora los registros de esta sino que primero hay que tener bien entendidos nuestros miedos, esto determinará de un modo u otro los registros de nuestra incertidumbre. Digamos que esto funciona como una balanza. No intenten poner todo el peso a un lado, sino que deben ir compensando poco a poco colocando pequeñas cantidades de peso para que no se produzcan bruscos contrapesos que nos hagan perder el control del punto de equilibrio de dicha pesada. Estas pesas de nuestra balanza personal de la vida son ni más ni menos que los compromisos y obligaciones que asumimos en forma de contrato. Contrato que hacemos con nosotros mismos. Compromisos que se adquieren en modo de cláusulas, uno de los aspectos más difíciles de gestionar, como nos instruye igualmente Pilar Jericó en su libro *La nueva gestión del talento, construyendo compromiso*.

Nos aseguraremos antes de que si no somos capaces de equilibrarlo todavía, sí al menos sabremos identificar en qué punto se encuentra para que a la hora de sintonizar nuestro registro incertidumbre al menos esta no nos haga caer nuevamente en sensaciones de miedo.

No sólo debemos sintonizar los cinco miedos sino que ahora aña-diremos cada uno de los ingredientes de la incertidumbre, empezando por la duda, descubriendo el sentido de las cosas de la vida a través de las virtudes que anularán nuestros defectos y que han sido antes reconocidos por nosotros mismos. Sumerjámonos pues en cada uno de los estados emocionales de este rival.

¿Cómo se expresa la incertidumbre según la dinámica del proceso evolutivo?

Duda

Venimos de miedos que nos traen a este estado. Necesitamos certeza para conocer, por ello es *la duda* la que brota con todo ímpetu en este primer registro.

La duda de nuestra inquietud aparece en nuestra mente y buscamos en otros y en su opinión lo que nos haga creer la evidencia de lo que estamos viviendo, sintiendo. Buscamos información indiscriminadamente sin distinción, ya que preguntamos a aquellos a los que le damos un valor y creemos que poseen dicha información en función de lo que queremos saber, entonces llenamos la mente de un contenido en función del tema investigado.

Queremos por tanto tener seguridad y buscamos la información de aquellos que creemos saben más que nosotros mismos e indagamos conocimiento externo para validar nuestra acción. Creemos que toda esta información que atesoramos nos dará certidumbre para poner en práctica lo que ya conocemos desde la mente.

¿Cómo evoluciona?

Este primer registro se expresa en su lado negativo con una personalidad que duda y se torna pasiva, introvertida y que le cuesta actuar. La expresión verbal es dificultosa y nos lleva a la falta de tono, piel blanca, movimientos inseguros, etc. Dudamos del propio juicio buscando eternamente el consejo de otro antes de actuar.

Para situarnos en la parte positiva de este registro de la duda, y si antes han sintonizado sus miedos en una frecuencia más que aceptable, sentirán que a medida que han trascendido dichos miedos, habrán ido ganando en apertura, aumentando el sentimiento de seguridad. Esto es lo que les lleva hacia el otro lado del registro y hacia el que deben sintonizar su emoción duda, el de *la confianza*.

Tendremos que confiar y estar seguros de nosotros mismos. Aquí, ahora sí, utilizaremos un ingrediente que nos ayudará a salvaguardar nuestros momentos de duda, el de la **intuición**.

Deberemos pues escuchar nuestra propia intuición. Es ella la que nos guiará en el camino de la duda. Ahí reside nuestra responsabilidad. La ausencia de dicha intuición es la ausencia de miedos no transcendidos, ya que de lo contrario es seguro que el miedo a equivocarse se habrá convertido en un amigo muy especial de la duda.

Aprendizaje

La duda nos empuja al desarrollo de *la intuición* más allá de la falta de decisión. Deberemos reconocer más allá de los límites del intelecto aquello que nos hace sentir la certeza de que es lo que realmente queremos y que nos haga actuar con determinación, que somos conscientes de nuestra voz interior. Ahí reside el aprendizaje de esta emoción, en el desarrollo de la sabiduría interior. Si la escuchamos, la intuición se expresará de manera natural. Nos aseguraremos que la opción elegida es mejor que la no elegida, pero siempre bajo el dogma de la eliminación de nuestras vidas de la equivocación como tal.

Dualidad

Pasamos ahora al registro de la dualidad. Pura complejidad y simpleza juntas. Simpleza a la hora de que sólo hay que elegir entre una u otra, pero compleja por transitar sobre lo elegido sin ser capaces de dejar a un lado lo que no lo fue.

Registro emocional como parte intrínseca de la incertidumbre. Sabemos que hemos de actuar y en función de la comprensión del movimiento advertiremos expresiones negativas o positivas, dualidad del movimiento constante que permite la expresión de todo lo que existe.

Frío-calor, luz-sombra, donde pondremos la expresión centrada en uno de ellos, rechazando al otro para que la visión se torne parcial. Nos sentimos divididos entre dos tendencias en las que nos es imposible decidir por lo que se excluye. En la capacidad de integrar las dos polaridades está el conocimiento de que ambas forman parte de un todo mayor que las contiene.

Hemos de definir la acción, percibir sólo lo elegido dejando al margen lo no elegido para que desaparezca la duda en la elección. El cambio de humor ante la duda de dos cosas es frecuente, incluso en un mismo día podemos pasar de la apatía a la hiperactividad. No sabemos cómo vamos a actuar restándonos credibilidad y dificultándonos las relaciones en cualquier contexto. Todo acto nos lleva al agotamiento y al desequilibrio energético provocándonos mareos y otros síntomas que aparecen como consecuencia de vivir esta alternativa constante.

¿Cómo evoluciona?

En este registro la personalidad se construye a partir de la indecisión continua debido a la duda que anteriormente no hemos sabido interiorizar.

Esto se ve claramente en aquellas personas que ayer decían una cosa y hoy dicen otra. No saben lo que quieren al estar continuamente haciéndose preguntas y atosigando su mente entre hacer una o la otra. Por el contrario, nos encontramos a otras personas que parecen que todo les da igual permaneciendo indiferentes ante esto. Nada más lejos de la realidad, son la mayoría de las veces los que inteligentemente asumen que en el arte de vivir está el hecho de abrirse al resultado de dicha elección.

Hay que entender que es el péndulo de la existencia el que permite que los pares opuestos aprueben el equilibrio del todo. Personalidades que desconocen el término medio de las cosas, de ahí sus cambios de ánimo y sus muestras de una clara inestabilidad. La personalidad bipolar es complementaria y nunca lo contrario ya que puede llevar a momentos de locura transitoria. Como ejemplo de pares opuestos, nos encontramos con esas personas que precisan de un orden llevado a unos extremos irritantes para otros. Energía que se canaliza para que esa persona esté organizada y estructurada, o de lo contrario nos toparíamos con un individuo que sería todo un desastre y que incluso podría acabar en un estado de locura. Energía que si se le diera rienda suelta podría llevar a una imaginación desmesurada e incontrolada. Energía que en Rafa Nadal vemos controlar con todo un ritual de gestos perfectamente preestablecidos para que precisamente dicha energía no cause estragos en la concentración, en el partido mental.

La calma es el ingrediente perfecto para equilibrar nuestros miedos. Es esta calma la que ahora nos permite trabajar desde la *serenidad*. Serenidad que nos va a proporcionar firmeza para que aparezca la determinación y la entereza en nuestra capacidad de elegir y con ello la de actuar de forma rápida. Esto será sin duda todo un síntoma de equilibrio, de que comienzan a desaparecer nuestros sentimientos de duda, por tanto de miedo.

Para compensar toda esta opción mental de elección de 50/50, no hay más que sintonizar nuestro registro hacia un estado emocional positivo de **serenidad**. Serenidad en forma de paz interior o paz mental frente al desequilibrio emocional.

Aprendizaje

Tendremos que comprender el principio de la dualidad. Dualidad existente en el universo y cuyo movimiento constante a través de sus pares opuestos permite la existencia en nuestro planeta. Esta dualidad esconde el valor de mantener siempre abiertas las oportunidades de la vida, sin perder ninguna de las opciones. Si se elige una cosa, esta puede ser buena pero también puede que la otra sea aún más buena. Nunca lo sabremos, es la acción la que determina que perdamos una de las dos opciones. Es por ello por lo que en esta dualidad no debemos elegir y mantener siempre que estarán las dos, en el saber que no somos dueños de ellas, ya que ninguna poseemos.

Resistencia

Después de haber dudado y de decidir una opción del camino a transitar, aparece el tercer registro emocional, *la resistencia* a ponernos en marcha. Resistencia como consecuencia de anteponernos al fracaso de lo que todavía aún ni siquiera hemos emprendido ya que detrás de todo una vez más están siempre nuestros miedos.

Dicha resistencia puede igualmente aparecer en función de expectativas idealizadas que se anteponen sin tomar en cuenta los obstáculos como parte integrante y que ampliará la gestión de recursos para llevar a buen puerto el camino emprendido. Nos vemos tan centrados en nuestros limitados recursos que vivimos desde la visión pesimista del mundo. Somos incapaces de terminar nuestra tarea donde la depresión llega a convertirse en un signo distintivo de nuestro carácter. No percibimos las etapas que llevan a la conclusión de nuestro emprendimiento, nuestra iniciativa, y de las resistencias que aparecerán como parte integrante del proceso.

En la insistente creencia del fracaso anticipado y asegurado, como consecuencia de que en otras etapas de la vida no aparecían los resultados deseados, hacen que las acciones se demoren y así el fracaso no aparecerá. La inactividad y la frustración están aseguradas en función de las dificultades que la vida pone en proporción ante cualquier acción.

¿Cómo evoluciona?

Metidos en el partido jugamos una fase de resistencia en la que se despliegan habilidades que antes no habíamos tenido en cuenta y desde la que podremos conocer posibles potencialidades, nuestro talento. No hay que olvidar que el talento es algo muy corriente que todos poseemos pero que no se nos muestra como pensamos.

Hace poco, a punto de terminar de escribir este libro, un buen amigo nos regaló uno de esos libros que merece la pena descubrir. Se trata de *El Elemento*, de Ken Robinson con Lou Aronica, experto mundial en el desarrollo del potencial humano y que ha colaborado con múltiples gobiernos europeos y asiáticos, y empresas; y que nos invita a que descubramos nuestra pasión, ya que es esta la que lo cambiará todo. El Elemento, es el lugar donde hacemos aquello que realmente queremos hacer y donde somos quienes siempre hemos querido ser. Encontrando su elemento, encontrarán su plenitud y la felicidad en sus vidas. Su talento natural.

El registro de la resistencia va conformando nuestra personalidad empujándonos hacia su lado negativo a esos estados de desaliento y desánimo por causa de pequeños contratiempos y que sintonizamos si nos deprimimos o desmoralizamos con facilidad.

> Cambiaremos hacia un estado positivo donde *el optimismo* y *la confianza* emergerán gracias al adiestramiento de *la **perseverancia***. Sólo a través de la constancia y del trabajo continuo podremos ser capaces de combatir el *pesimismo* y la *pasividad*. Es por ello por lo que antes hemos desarrollado la firmeza, firmeza que nos engalanará con el atuendo de *la **tenacidad***.

Debemos pues evitar la decepción y los desengaños eliminando el pensamiento de que nada saldrá bien.

Aprendizaje

Aprendemos a percibir las adversidades y dificultades como elementos esenciales para nuestro desarrollo como individuos. A partir de aquí es desde donde se amplían nuestras habilidades y capacidades de cara al futuro. Aquí se manifiesta esa energía que procede del interior creciéndonos ante un mayor grado de aparente dificultad, alcanzado por ello nuevas cotas de conocimiento.

Desesperanza

Dicha resistencia nos obliga en cierto modo a poner un registro más para ecualizar el siguiente estado emocional como consecuencia de dicha obstinación. Hablamos de *la desesperanza* que aparecerá fruto de este no avance.

Ya nada nos apasiona, la vida pierde sentido y perdemos la confianza en nuestras propias fuerzas. Permanente sufrimiento del que no tiene conocimiento de la bondad de la vida. Pesadumbre del que ha perdido la certeza que va más allá de la creencia. Pérdida de la fe en las cosas. Tercera etapa de nuestro entrenador Lolo Sainz para generar equipos ganadores, la fe como parte del proceso. Cuando ya lo hemos dado todo, hay momentos en los que sólo queda agarrarse a la fe.

La mente no alcanza a comprender los motivos por los que hemos de vivir este estado y no vislumbra la salida a través de los recursos que obran a su alcance. Ya todo se ha perdido. Renunciamos incluso a la sensación de estar vivos. Nos movemos por las indicaciones de otros y no por nosotros mismos, a pesar de que en nuestro interior ya hemos decidido que no servirá de nada.

Hemos realizado anteriormente tantos esfuerzos y nunca hemos conseguido nada. Nos sentimos apagados. La cara refleja el sufrimiento de la renuncia, donde la luz, el color, ha desaparecido de nuestro rostro, caminamos con lentitud. Qué verdad aquello de *"La cara es el espejo del alma"*. Por tanto, no nos queda más que aceptar nuestro destino de fe y esperanza.

¿Cómo evoluciona?

Es este registro el que nos va a equilibrar esos momentos del partido en el que hemos perdido toda esperanza, donde el abandono se apodera de nosotros ya que el resultado y el tiempo restante dictan sentencia para tener opciones de ganar el partido. Nos instalamos en un estado de pasividad que se alimenta del pesimismo donde la negatividad aparece disfrazada de *desesperanza*.

> Registro que sintonizaremos apuntalándonos en el **sentimiento de fe**, sin perder la esperanza, porque sólo así estaremos cerca de su polo opuesto y que no es otro que el de la **certidumbre**.

Certidumbre que sin quererlo ya venimos entrenando desde el mismo momento en que la duda, la dualidad y la resistencia van rebajándose con la ayuda de los miedos que ya vamos asimilando. Ábranse a este viaje emocional y ya sin saberlo estarán venciendo al gigante que les acecha.

> *"Si te enfrentas al dragón, hay una posibilidad de que lo elimines, pero si no te enfrentas a él, es seguro que él te destruirá".*
>
> *El Caballero de la Armadura Oxidada,* **Robert Fisher**

Certidumbre de que serás destruido, así que lucha por combatir al dragón de la incertidumbre y tendrás la certidumbre de haberlo intentado.

> **Aprendizaje**
>
> Cuando sientan desesperanza, muéstrenle siempre su agradecimiento por estar ahí. Es ella la que propiciará su regeneración a través de la fuerza que reaparece gracias a la desintegración o pérdida de lo que existía anteriormente y que ya no está. Registro culpable de la verdadera dimensión de la fe. Ella se presenta para aleccionarnos en nuestras creencias más allá de nuestro intelecto. Como ya advertimos, certeza y esperanza se unen para equilibrar esta emoción. Desesperanza que nos invita amablemente a encontrar la disposición real de nuestra fortaleza física. Fortaleza para gestionar las acciones adecuadas para el desarrollo de nuestras actividades.

Falta de Energía

Hemos dudado, decidido, resistido y desesperado; esto hace ahora que el pesimismo se apodere de nosotros. Estamos ya tan pasivos que somos incapaces de actuar en las tareas cotidianas. Aparece el aburrimiento y entramos en un estado de letargo, de modorra. Síntoma inequívoco de que se encuentran en el registro emocional que denominamos *falta de energía*.

Esta sensación de falta de energía la hemos sentido la mayoría de nosotros alguna vez, es universalmente conocida como el cansancio del lunes por la mañana. ¿Cuánto de ustedes se han sentido sin ganas de ir a trabajar el lunes por la mañana e iniciar la semana? Esto se debe a nuestra fuerza vital, ya que esta se esconde e imposibilita nuestro ritmo natural. Olvídense de que es lunes, es otro día más y punto.

Pero ¿por qué ese sentimiento de no fuerza? Nos sentimos sin ganas porque estamos desconectados de la verdadera fuente de vitalidad que es la existencia. El cansancio es físico y mental. La vitalidad ha desaparecido, no como consecuencia del desgaste físico real sino de la falta de estímulo energético que nace del entusiasmo.

> *"La capacidad de entusiasmo es signo de salud espiritual".*
>
> **Gregorio Marañón**

Nada de lo que hacemos nos motiva y necesitamos constantemente estimulantes para acabar el día, pues no sentimos ganas de enfrentarnos a los asuntos cotidianos ni de asumir las responsabilidades rutinarias. Tan sólo el tiempo libre y el cese de nuestras responsabilidades nos estimulan. Brotan momentos en los que parece que nuestra vitalidad se ve nuevamente restituida, como si nos hubieran enchufado a una corriente de energía, pero esto es solo un signo inequívoco del aburrimiento ante lo rutinario y del tono vital bajo por la creencia que mantenemos en la mente de que no es estimulante lo que realizamos, lo que nos lleva a querer dormir más, a no querernos despertar.

> *"Los años arrugan la piel, pero renunciar al entusiasmo arruga el alma".*
>
> **Albert Schweitzer**

Burrhus Frederic Skinner, psicólogo y autor norteamericano, defendió a través de su psicología experimental el conductismo, que considera el comportamiento como una función de las historias ambientales de refuerzo. Para este enfoque, toda modificación de conducta se realiza básicamente a través de refuerzos, recompensas o mediante la evitación u omisión de aquello que sea desagradable según Skinner.

Pero ¿cómo entusiasmar?, en definitiva, ¿cómo motivar? Es aquí donde entran las diferentes teorías sobre los modelos basados en los incentivos de las empresas (del latín *incentivus*, "aquello que mueve a desear o hacer algo"). ¿Cómo motivar, el palo o la zanahoria? Como prueba de esto señalar también a Ken Blanchard, junto con sus colaboradores Thad Lacinak, Chuck Tompkims y Jim Ballard, con su obra *¡Bien hecho!*, donde demuestran cómo se pueden obtener los mejores resultados en similitud con el método usado con las orcas del Sea World de Disneylandia, y que se llama método de *redireccionamiento*.

> *"Se cazan más moscas con una gota de miel que con un barril de vinagre".*
>
> **Frase atribuida a Francisco de Sales**

Sólo una sensación de fortaleza al cesar las obligaciones cotidianas es la que nos hace sentir una plenitud energética, mente clara, espíritu vivo, creatividad y fuerza. En el entusiasmo reside la base de todo emprendedor. Así que den la bienvenida al cambio en el felpudo de sus casas como el famoso eslogan de IKEA y en el que ahora debería estar escrito *"Bienvenidos a la república independiente del cambio"*. Porque es el cambio el que nos presenta a nuestro amigo *entusiasmo*.

¿Cómo evoluciona?

La falta de confianza y optimismo por la ausencia de perseverancia hacen que nazca la desesperanza. No hay marcha atrás, el pesimismo nos arrastra hacia sentimientos negativos donde las sensaciones de cansancio, fatiga mental y las dudas de capacidad para cumplir con las tareas aparecen como lado negativo de este registro de la falta de energía.

> Para proteger esos momentos de cansancio tienen que reencontrar la capacidad de hacer frente a las cosas, **reencontrando las ganas** y la **vitalidad**. Estamos en este registro emocional donde más allá de la vitalidad espiritual tienen que aceptar el concepto energía como si de una batería se tratase.

Tienen que comprender que el cuerpo físico es parte de esa vitalidad, de ahí la importancia del ejercicio y de las actividades reenergizantes que nos hacen recargar las pilas. El descanso, un masaje, unas vacaciones, un trozo de tarta de chocolate, etc. Nada mejor que conocer nuestros propios límites energéticos para comprender que cuando no estamos bien, redondos, o de que cuando se nos hace tarde en la oficina, no hacemos más que agotar y deteriorar la capacidad de nuestra batería energética. Batería que lamentablemente y que sepamos, no se vende ni se compra en el supermercado. Por eso el éxito muchas veces reside en aquello que siempre se dice de *"una retirada a tiempo es una victoria"* ya que tomamos consciencia de nuestros límites.

Aprendizaje

La falta de energía es símbolo de duda e incapacidad que deberá servirnos para despertar nuestros deseos de salir adelante. Es aquí donde aprendemos a gestionar nuestra propia capacidad energética en favor de nuestras necesidades reales, ¿o es que no saben las horas que necesitan para dormir y poder rendir al día siguiente? Aunque más allá de esta sensación de energía para hacer las cosas, debemos aprender a descubrir las razones de por qué desaparece esa fuente de energía que no hace más que limitarnos diariamente, y encontrar la verdadera energía interior, la energía vital. Así pues, en sus manos está el huir de la rutina en la que se encuentren y empezar a comprender que aquello que ya no les estimula no es aburrido, porque sí lo es, deberán cambiarlo en favor del nuevo rumbo que deseen tomar.

Falta de sentido en nuestra vida

Este ecualizador de incertidumbre nos brinda su último y complicadísimo registro emocional, *la falta de sentido en nuestra vida*.

La falta de energía ha hecho que perdiésemos el sentido de la vida volviéndonos desorientados e incapaces de encontrar el propósito de nuestra verdadera existencia ya que no nos contentamos con nada de lo que hacemos.

Elsa Punset nos descubre también, a través de *Inocencia Radical y Brújula para navegantes emocionales,* por qué nos cobijamos en estados emocionales que nos impiden la búsqueda de pasión y sentido en la vida.

Buscamos constantemente nuevas cosas que hacer y ejecutar. Cambiamos asiduamente de escenario con el consiguiente estrés que esto conlleva. La existencia se transforma en una insistente prueba en todas las áreas desechando de continuo lo que antes parecía como lo más adecuado. No nos atamos a ningún compromiso, por lo que impedimos el desarrollo perseverante en cualquier actividad.

Sólo ante la clara manifestación de la vocación de lo que hacemos como percepción intuitiva de nuestras habilidades innatas, surge una creatividad y ampliación de nuestros contenidos mentales y renovamos la expresión en el área profesional que hemos elegido. Piensen en su vocación y no temerán a la vida como nos instruye el citado Ken Robinson en su obra *El Elemento*.

> *"Conoces lo que tu vocación pesa en ti. Y si la traicionas, es a ti a quien desfiguras; pero sabes que tu verdad se hará lentamente, porque es nacimiento de árbol y no hallazgo de una fórmula".*
>
> **Antoine de Saint-Exupery**

¿Cómo evoluciona?

Mientras que inmersos en el estrés de la semana no damos para más, debemos comprender también que hay actividades verdaderamente transmisoras de energía y que no se dan necesariamente en lo físico. Ir al cine, leer, y otras que son auténticos portadores de energía, como por ejemplo, salir a buena hora del trabajo. Actividades que incluso requiriendo un desgaste físico y a pesar del cansancio que esto supone, por el contrario son cargadores de vitalidad y reparadores de la capacidad de almacenamiento de nuestra batería. Es por eso por lo que estamos deseando que llegue el fin de semana para que esas actividades nos lleguen. Esas actividades que alimentan nuestro espíritu son las que provocan entre otras cosas que desaparezca el síndrome del lunes por la mañana.

¿Cuántas personas van al gimnasio o al fútbol los fines de semana para evadirse de los problemas de la semana o de casa? ¿Y de aquellos que beben para olvidar? En definitiva, actividades que pensamos paralizan nuestra mente mientras estás ocupan su lugar pero que en ningún momento harán que los problemas desaparezcan. En cualquiera de estas circunstancias de la vida observamos que como consecuencia de esa falta de energía y debido a la ausencia de un trabajo interior, lo que ocurre es que estamos insatisfechos con la vida pensando que esta nos ha tratado mal. Otra vez más la realidad nos está jugando una mala pasada, ya que bajo esta trama de la vida, lo que realmente sucede es la aparición nuevamente de la incertidumbre.

> Incertidumbre en cuanto al camino a escoger. Registro negativo que deberemos contrarrestar con la ayuda del anterior, y una vez cargados de energía, sintonizar hacia *el* **equilibrio** y *la* **serenidad**, aumentando la habilidad de elegir tomando decisiones y actuando de una forma más rápida.

Nos moveremos hacia el lado de las ambiciones positivas. En otras palabras, hay que comenzar a elegir de manera que hagamos lo que realmente queremos, aquello que nos llena y nos mueve a levantarnos.

Aprendizaje

Queridos lectores, los que no saben lo importante y trascendental que esto es en el devenir de nuestras vidas, les aseguramos que aquí reside gran parte del éxito de una persona. Se trata de encontrar aquello que nos produce sentimientos de *ilusión*. La falta de sentido en nuestra vida oculta la información necesaria para que cada uno de nosotros nos encontremos con nuestra verdadera expresión en la vida, con nuestro *Yo*.

No pretendan construir todo esto a partir sólo de un registro emocional, ya que, como hemos narrado, esto no es fruto sólo de registros sino de diferentes ecualizadores o estados emocionales interactuando entre sí. Ahora bien, en este proceso, busquen e inviertan su valioso tiempo en el conocimiento directo de aquello que les haga sentir.

Tenemos que aprender a enfrentarnos a la incertidumbre en esta época cambiante, ya que los valores del futuro están en juego y hemos de volver al conocimiento de estos. Háganse valedores del material necesario a través de la experiencia practicando en diversas actividades y quehaceres para poder entonces elegir aquello con lo que han conectado. Entonces se darán cuenta de que se trata de su vocación. Si así lo hacen y se dedican a ello con toda plenitud, habrán recuperado el retorno de su inversión con creces al convertir su profesión en vocación.

ESQUEMA PARA SINTONIZAR SU INCERTIDUMBRE

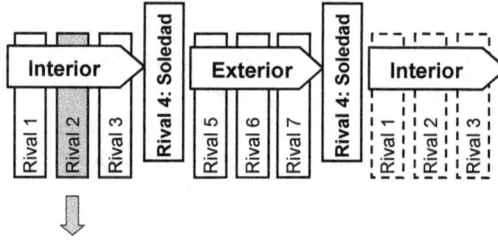

ECUALIZADOR DE LA EMOCIÓN INCERTIDUMBRE

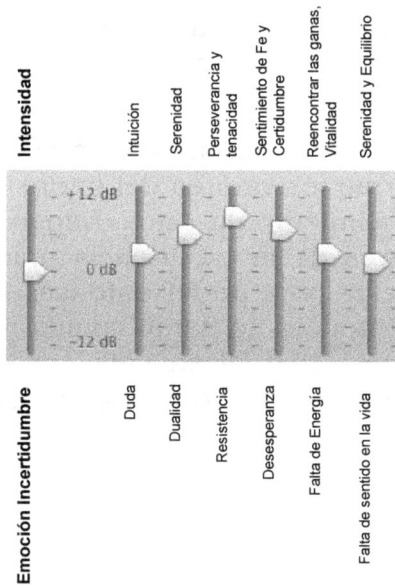

CUANDO TOMES DECISIONES, ¡RECUERDA!

- Detrás de nuestra incertidumbre están siempre nuestros miedos.

- La duda en acertar es el miedo a elegir mal.

- La certeza es ni más ni menos que la consecuencia del camino transitado.

- Certidumbre de que serás destruido, así que lucha por combatir el dragón de la incertidumbre y tendrás la certidumbre de haberlo intentado.

- No se trata de cometer errores gratuitamente sino de errar bajo un proceso metódicamente preparado.

- Santiago: quien quiere certezas… "que se muera". El futuro pertenece a la gente que se adentra en ese territorio desconocido; que acepta la incertidumbre y a partir de ahí… trabaja.

- Si quieren ganar a este nuevo rival, han de atreverse a dar pasos inciertos. Sólo así podrán comprobar si están en lo cierto.

- La única solución que hay es elegir.

"Tras la lucha que rinde y la incertidumbre amarga del viajero que errante no sabe dónde dormirá mañana, en sus lares primitivos halla un breve descanso mi alma".

Rosalía de Castro

Rival **3**

Falta de interés en el presente: estar aquí

Lo pasado ha huido,
lo que esperas está ausente,
pero el presente es tuyo
Proverbio árabe

No crean que han llegado solos hasta aquí por casualidad. El GPS de la vida les ha conducido sigilosamente. El miedo y la incertidumbre les han llevado de la mano para enfrentarse a este nuevo y más complicado rival. Rival este que conoce muy bien sus temores y sus indecisiones pero que ahora además nos invita a jugar con la variable del tiempo en nuestras cabezas. De nuestra destreza para y con él dependerá el resultado de este apasionante partido emocional.

Viaje emocional que transcurre de manera que a estas alturas muchos de ustedes probablemente no hayan percibido el paso del tiempo. Señal inequívoca de su intención positiva de querer progresar aún más sobre el conocimiento emocional de uno mismo. Nos adentramos por tanto en el inmortal y siempre presente *tiempo*.

Como les contamos al principio, sugiriéndoles la no externalización de sus pensamientos y los simbolismos que les proponemos, llevando la reflexión con el corazón de dentro hacia fuera para no correr el peligro de actuar visceralmente de manera incontrolada. Es por ello por lo que tienen que interiorizar al máximo esta obra. No intenten seguir avanzando con una lectura automática de capítulos devorando páginas como si de una novela se tratara. Es importante que intenten asimilar las ideas anteriormente descritas. No pretendemos con ello que tengan una absoluta comprensión de todo, ya que eso sólo es posible a través de la propia experiencia de cada individuo, pero si creen que aún no han asimilado el proceso emocional cuyo miedo e incertidumbre les han llevado hasta aquí, tómense el tiempo que necesiten, una vez trascendidos sus miedos y sus incertidumbres, antes de pasar así a este nuevo y complejo ecualizador del presente.

No divagaremos ni les robaremos más su preciado tiempo, ya que en asuntos sobre este siempre pueden leer a otros autores que han desarrollado muy brillantemente el factor tiempo, desarrollándolo incluso como tema central de toda una obra. Ahora bien, sean consecuentes sólo con una única cosa que aquí les proponemos como nuestro tercer ecualizador emocional y que sin lugar a dudas deberán aprender a gestionar, la *falta de interés* o *marginación del presente* como único componente del tiempo. Quieran o no, las agujas del reloj galopan como caballos desbocados. De ustedes depende controlarlos y domarlos para que puedan montarse a lomos de ese caballo y convertirlo en amigo inseparable de su destino.

¿Qué es el tiempo? ¿Existe realmente? ¿Cómo puedo gestionarlo? Sentimos defraudarles a aquellos que piensan que el tiempo existe, pero no es así, es una ilusión. Sólo existe desde el mismo momento que hemos creado un apelativo para situar las cosas fuera de lo que está ocurriendo más allá de este y único preciso instante y al que comúnmente hemos denominado *presente*.

Todo lo que no es presente, aquí y ahora, es lo que hemos resuelto enmarcarlo en sus expresiones de pasado y futuro. Estamos presentes en el momento actual que vivimos, desde donde definimos nuestra propia visión de la vida. El pasado ya pasó, el futuro ya vendrá y sólo existe el eterno presente, de ahí que el tiempo es ese preciso instante que cada uno de nosotros estamos viviendo.

Nuestra ignorancia hacia él se debe a que el tiempo es sólo producto de nuestro pensamiento. El pensamiento es solo un aspecto menor de nuestra conciencia por lo que su existencia sólo es posible gracias a esta. Sin ella no puede existir, aunque nuestra conciencia no necesita de este. Debemos, pues, mirar al tiempo desde nuestra propia conciencia y no desde el pensamiento, sólo así comprenderemos su significado. Es la mente la que trata de mantener vivo el pasado para seguir sintiendo ser, proyectándose al futuro para asegurarse la supervivencia, buscando en él una sensación de liberación y satisfacción.

Cuando relatamos el origen de una crisis, dijimos que en un solo segundo nuestras vidas podrían sufrir un giro inesperado de consecuencias mayúsculas. Un solo segundo, ese es el único tiempo que existe para nosotros. Cuántos partidos jugados durante minutos y minutos. Esfuerzos puestos en cada jugada, en cada balón para al final decidirse todo en el último instante del partido.

¿Qué decirles de esas reuniones y comités de dirección donde el tiempo se alarga infinitamente? Una reunión, un comité, son algo potencialmente útil pero muy vulnerables por su propia complejidad. No es que queramos prescindir de estas, pero les podemos asegurar que un individuo puede tomar bastantes decisiones mejor que todo un comité. Lo que ocurre es que no queremos tomar esos riesgos. El riesgo a equivocarnos, que es en parte por lo que a los directivos se les paga.

La cultura Western que hemos mencionado tiene como filosofía la de emprender generando oportunidades. Fondos de inversión de capital riesgo, empresas que comienzan su andadura en Silicon Valley, estudiantes de la Universidad de Standford, en los que las proyecciones de un flujo de caja que nadie sabe lo que pasará, se analizan para apoyar a las personas que conforman las ideas en forma de proyectos empresariales en los que el futuro no existe. Sólo existen personas que viven cada paso como un único presente y que según van andando, van rectificando y creando nuevas oportunidades, una nueva proyección de la cuenta de resultados incluso mejor que la que habían creado inicialmente.

Deberán entender, viniendo de jugar en el campo de la incertidumbre, que en la vida ocurren cosas maravillosas por mucho que se empeñen en querer alcanzar sus objetivos "antes de tiempo". Encárguense de jugar cada instante, cada único presente, para que el futuro *aquí y ahora* llegue con el éxito bajo sus brazos ya que nuestro pasado *presente* puso todos los elementos necesarios para ello.

Si dejamos para mañana la preparación de las circunstancias, la suerte quizás nunca llegue. Crearlas requiere dar un primer paso, ¡denlo hoy! trabajando el presente. Las condiciones del aquí y ahora son la única manera de cambiar el futuro. Por eso aquello de *"la suerte te tiene que pillar trabajando"*.

Álex Rovira Celma y Fernando Trías de Bes en su libro *La Buena Suerte* nos trasladan a un mundo mágico en el que debemos encontrar el *Trébol Mágico* de cuatro hojas de suerte ilimitada, y en el que nos aseguran que la buena suerte hay que crearla preparando las circunstancias a la oportunidad que siempre está ahí, nada de azar.

¿Cuántos directivos de empresas, financieros, y otros muchos, acumulan horas de trabajo haciendo proyecciones para obtener la imagen futura de la empresa? Es evidente que este tipo de proyecciones tienen su función, pero otras muchas son el reflejo de lo que las personas quieren plasmar del futuro que quieren que se dé mañana. Craso error, ya que realmente ¿cuántos se olvidan de estas proyecciones una vez hechas y se ponen a trabajar en el día a día, en el aquí y ahora para que ese futuro ocurra desde el hoy mismo? Se meten en la autopista del futuro sin rumbo alguno. Así nos va, proyecciones financieras que no han podido adivinar el impacto económico de las crisis. Crisis cuyo denominador común es la falta de creación de circunstancias que fomenten nuevas oportunidades en este único y preciso instante.

Es esta falta de interés en el presente la que nos evita mayores experiencias frenándonos en nuestra evolución como individuos. Vemos pasar la vida frente a nosotros sin hacer el intento de expresar nuestra opinión. No desplegamos nuestra individualidad, ya que no potenciamos nuestro propio criterio de la vida según nuestras percepciones. Nuestra autonomía va desapareciendo evitando nuestra libre expresión. Esa expresión que debido a otros criterios o acciones sufridas en el pasado impide la manifestación en el momento presente por la pérdida de confianza en nuestra fuerza interior.

Estamos detenidos, no actuamos, y el instante presente pasa a nuestro lado como sombra en la oscuridad mientras persistimos en la negación de nuestra propia existencia. En esta marginación del presente nuestra personalidad deja de existir en la vida ahora. Desaparece porque estamos fuera de ella.

Cuando se paseen por las manecillas del tiempo, no olviden esta máxima, están desarrollando esta emoción de *falta de interés en el presente*, por lo tanto deben tener cuidado con él en toda su magnitud. Cuando miren la hora en mitad de una reunión, cuando tengan prisa por terminar una tarea, cuando piensen que les va la vida si no llegan a tiempo, así como otras tantas situaciones en las que miramos al tiempo, presten atención porque pueden estar ignorando el *presente* en su sentido más amplio.

Los registros que les proponemos a continuación de este ecualizador del tiempo les guiarán para controlar dichas sensaciones, ya que de lo contrario caerán en las manos de monstruos emocionales como *la ansiedad, la tristeza, la apatía* y *la resignación*.

¿Cómo se digiere o gestiona la emoción tiempo?

Muchas son los iniciativas que pueden ayudarles a gestionar el tiempo y más importante aún, cómo se delega este. Podríamos hablarles del principio de Pareto o regla del 80/20, donde el 20% del trabajo contribuye al 80% de los resultados; e incluso sobre las tres leyes de Acosta; o la ley de Parkinson, donde *"todo trabajo se dilata indefinidamente hasta ocupar todo el tiempo disponible para su completa realización"*; pero más allá de todas estas cuestiones, lo que aquí queremos hacerles comprender es la importancia del papel que el tiempo anímico, el psíquico, juega a lo largo de nuestras vidas. En otras palabras, el tiempo emocional.

Para aquellos que deseen abrirse a un conocimiento más profundo del significado del *Estar Aquí*, pueden leer *El Poder del Ahora* de Eckhart Tolle, donde encontrarán también otras cuestiones que les ayudarán a completar la verdadera esencia de esta obra en lo que a esta emoción se refiere. Eckhart Tolle nos ilustra de manera que el momento presente es el que contiene la clave de la liberación, pero que no podemos encontrar el momento presente mientras seamos nuestra mente, ya que para el ego este apenas existe. Por tanto a nuestra balanza de la vida, en la que ya se encuentran instalados el miedo y la incertidumbre, añadimos ahora pequeñas pesas de compromiso en forma de tiempo presente.

Stephen Covey, autor del famosísimo libro *Los siete hábitos de las personas altamente efectivas* y cuyo tercer hábito se refiere a *"primero lo primero"*, donde hace clara diferencia entre lo que es importante y lo que es urgente, destaca que lo que añade valor es lo importante, y no lo urgente, como muchos de nosotros hacemos diariamente.

Así pues una de las salidas que tienen es decidir qué es importante y centrarse en ello como así lo define Covey en su matriz, que viene a decir de manera resumida que es lo importante y a la vez urgente lo que causa estas crisis del tiempo donde el estrés se adueña de nuestro destino; por lo que esto tendremos que hacerlo ya, aquí y ahora. Sí no es importante pero es urgente, esto siempre deberíamos delegarlo, pero sin confundir delegar con asignar tareas a otros. Mientras que si es importante pero no urge hacerlo, es aquí donde pasamos a la planificación del tiempo, ya que dejar las cosas para luego supone el coste de las oportunidades perdidas.

Ese es el tiempo al que nos referimos, ya que una de las claves del éxito de cualquier persona es el modo en que administra su presente. Los que triunfan son los que consagran su presente en perseguir lo que realmente quieren alcanzar. Como siempre dice Santi, *"dame la agenda de una persona, y te diré lo que vale"*. Y más aún, los triunfadores son sin duda aquellos a los que nos les importa hacer cosas que no les gustan, ya que sin ellas no alcanzarían sus metas. Saben integrar las cosas que no les gustan con las actividades que les apasionan.

No cuenta lo mucho que se ha trabajado en tiempo pasado ni lo que se trabajará a futuro en base a una planificación concreta, sino lo que se ha terminado, lo que ha dado lugar a resultados concretos.

Lo que debemos preguntarnos es si merece pues la pena malgastar el tiempo. Ram Charan separa de manera brillante, en su libro *Know-How"* citando las ocho habilidades que separan a los individuos que rinden y realizan de los que no lo hacen. Prioricen su presente en el que la inactividad no tenga siesta más que para aprender de un pasado cumplido y un futuro incierto que no solucionan presente alguno.

Pasado transitado y futuro que nos ha sido regalado con su máxima expresión de incertidumbre ya que nada ni nadie conoce el ADN de ese futuro. Bienvenidos al único tiempo real, el presente.

> *"Uno de los signos de los tiempos es la indiferencia por el mañana. Nadie sabe en qué consistirá mañana la vida. Esta incertidumbre perpetua agota los nervios, al punto en que no encontramos nada que valga la pena. Ante eso, Chaplin nos dice que no desesperemos, ya que aunque haya que andar por esos caminos, vale la pena hacerlo si son dos los que andan".*
>
> **Carl Theodor Dreyer**

¿Cómo se expresa el tiempo emocional según la dinámica del proceso evolutivo?

No esperen una respuesta mirando el reloj o el calendario de sus vidas, sino que una vez más habrá que trascender los registros de este ecualizador del tiempo *presente* para lograr entenderlo.

Los dos primeros registros que se expresan bajo este estado emocional son indudablemente el *futuro* y el *pasado* por este orden.

Instalados en el futuro

El primero de ellos, el del *futuro*, es desde donde elaboramos los proyectos que aún no se dan en el plano de la manifestación física, nada que ver con nuestro cuerpo. Fraguamos el comienzo de todas las cosas por venir. Vivimos instalados en el mundo mental construyendo en el todo lo que nuestra imaginación es capaz de sostener y que la mayoría de las veces es más de lo que podemos realizar.

El mundo imaginario se torna perfecto, somos los protagonistas y los papeles secundarios. Los creamos para que todo se dé como deseamos. Somos los más guapos de la película, la familia feliz, el amor ideal, el trabajo perfecto, donde poseemos un gran mundo interior en función de nuestros deseos.

Por el contrario no pasamos a la obra, nos instalamos en el futuro que existe sólo en nuestra mente, donde se darán las circunstancias deseadas aunque no hagamos nada para que se den.

El presente no nos interesa y centrados en el futuro perdemos la capacidad de atender los asuntos cotidianos. Falta de concentración, atención dispersa y mente bloqueada son los indicativos de que estamos ausentes en el ahora. La atracción de este mundo maravilloso ensoñado ha captado nuestra atención.

Nos hacen falta muchas horas de sueño, odiamos madrugar y necesitamos tiempo para integrarnos en el día como consecuencia de haber instalado la conciencia en el mundo ideal de nuestra propia creación mental. Buscamos constantemente la oportunidad para retirarnos a nuestro propio mundo donde el físico no es necesario.

¿Cómo evoluciona?

Es aquí donde nuestra personalidad se ve fascinada por el mundo creativo y se identifica con la recreación de él, evitando así la confrontación con la realidad que le llevaría a tener que asumir la acción. Vemos a miles de jóvenes fans aferrados a multitud de formas de la fama que arruinan por completo su realidad. Deportistas y directivos proyectados en falsos resultados que no hacen más que desmantelar sus capacidades presentes.

Es este registro en su negatividad de falta de interés en el presente, debido a su excesivo estado de ensoñación, el que definitivamente nos lleva al deseo continuo de evadirnos de la realidad. Realidad, como ya le avanzamos con la película *El Cisne negro,* en la que Natalie Portmand se desconecta completamente de esta.

> Por el contrario, hay formas de anular esta imaginación desmesurada hacia su parte positiva en la que debemos recuperar el interés por el mundo real. Si verdaderamente queremos instalarnos en una actitud del aquí y ahora, en una condición de presente, hay que **reconquistar la alegría de vivir** o morir en un tiempo inexistente por donde vagan las almas perdidas.

Soñar es sinónimo de creatividad pero no lo confundan con delirio de un mundo imaginativo irreal.

Aprendizaje

Cuando sus mentes les transporten al futuro, aprovechen para visualizar. Es ahí donde reside la creación y la inspiración de todas las cosas. El éxito reside en desarrollar la destreza para navegar por ese espacio psicológico que permite la creación de las ideas. Sepan sintonizar y escapar hacia la imaginación para capturar las ideas brillantes pero con consciencia para volver a lo terrenal y ejecutar lo soñado. Trabajaremos en presente conforme a lo que hemos visualizado para que dicho idilio coincida en un futuro con nuestra realidad *presente*.

Como ya dijera Walt Disney, "*Si puedes soñarlo, puedes hacerlo*". Deberán proteger sus ideas idílicas para no perder la esperanza de que puede que sea posible realizar esa vivencia.

Instalados en el pasado

A diferencia del futuro, el pasado no puede expresase en la misma dirección, no posee el ingrediente incertidumbre en su salsa.

"*Como es arriba, es abajo*". Pues ahora, "*como es futuro, es pasado*". Pasamos aquí y ahora en este *presente*, al *pasado*, segundo registro emocional y que al igual que el futuro es el no estar en el presente. Es lo transitado hasta el momento.

Desde este estado nos podemos también anclar, pero en esta ocasión desde la memoria personal y colectiva de todos los seres que se expresan en este planeta sin saber por ello distinguir la memoria del suceso. Se ha detenido el tiempo, nos hemos agarrado al momento vivido ya que este es más interesante que el presente. El *Yo* disperso evoca vivencias que no se darán y que añoramos. La nostalgia hace acto de presencia.

Centrados en el pasado la vida se detiene, evitamos integrar vivencias en esta nueva manera de ser. No permitimos que la vida fluya, evitando el flujo armónico de la misma.

De aquí la importancia cuando subrayábamos en la introducción del papel de los registros anclados en nuestra memoria y que tienen que ser reinventados a toda costa si queremos ganar partidos. Es fundamental que accedamos conscientemente al pasado ya que este nos permitirá vislumbrar aspectos de él para crear nuevos elementos, nuevos registros. Registros más perfectos que deberán ser establecidos a partir de nuevos hábitos que potenciarán la acción en función de cada individuo.

En una ocasión le oímos a Pilar Jericó que la voluntad sin hábitos no llega a nada, de ahí la importancia de adquirir nuevos hábitos, para lo que habrá que hacer repeticiones de un mínimo de veintiún días como ella asegura, o más si queremos crear un nuevo cableado del cerebro, un cambio de registro emocional positivo. Tenemos que llegar a automatizarlo de manera que podamos decir que lo hemos hecho ya tantas veces que lo hacemos sin saberlo.

¿Cómo evoluciona?

Aquí vemos cómo personas consideran un fracaso un cambio de rumbo o una circunstancia de la vida, mientras otros lo ven como un rotundo éxito porque con él han aprendido a adoptar nuevas formas de entender la vida. Cuando el futuro nos corrompe con su eterna incertidumbre, el pasado nos apuñala con el cuchillo del miedo.

Ejemplo claro de esto lo encontramos cuando dos amigos se sientan a ver a sus dos equipos, eternos rivales, jugar entre sí. Si les preguntásemos al final del partido, los dos tendrán una opinión muy diferente del mismo, pero sobre todo el que pierde, que siempre suele tener una respuesta de lamento o sentimiento, que si esto, que si aquello, que si el árbitro…

Qué decirles de aquellas luchas internas entre departamentos de empresas en las que os dijimos esto o aquello, o que nos adjudicaron aquel proceso de licitación; del mismo modo que de los directivos que no hacen más que vivir de las medallitas injustamente investidas cuando los verdaderos merecedores de las mismas son el equipo que lo hace realidad. Miren, hemos perdido y punto, no le den más vuelta, no dejen que este tipo de cosas les afecte. Hagan de la derrota el punto de inicio del triunfo que vendrá. Aprendan para el futuro *presente*.

Los sentimientos que afloran en su parte negativa son los de la nostalgia. Es esa añoranza la que hace que se siga viviendo en el pasado de modo que debemos apostar por la **alegría de vivir** previamente sintonizada para matizar ahora la imperiosa necesidad de vivir el presente a toda costa, sí o sí. Consiste en progresar en la vida poco a poco sin lamentos ni lloriqueos.

Aprendizaje

Si hacen las maletas y viajan al pasado, deben reconocerse en el único y siempre *presente*, ya que gracias a este hemos llegado a ser lo que somos en la actualidad. Dejen su equipaje en el trastero del pasado para mantener el recuerdo de lo que ya se vivió y que no queremos perder, o aquello que nos dolió y que no queremos volver a vivir. Sólo para recordarnos que si en un futuro *presente* hacemos algo que puede acarrear dichos sufrimientos, al menos tenemos la elección de no volver a cometer esos mismos errores. Sin olvidar que el éxito será el de vivir el ahora sin las ataduras del pasado, y siempre eternamente agradecidos de lo que nos ha regalado.

Nos atreveríamos a afirmar que muchos de vosotros siempre habíais pensado que el tiempo era cosa de las tres formas universalmente conocidas como pasado, presente y futuro. Este primer efecto futuro-pasado cuyos registros son esenciales para conocer el presente. Aunque no está todo resuelto para desgranar la espiga del tiempo sino que harán falta otros registros si quieren llegar a manejar realmente la dimensión tiempo. Nada más lejos de la realidad ya que tendrán que adentrarse aún en cinco estados emocionales más que forman parte de este ecualizador de *falta de interés en el presente*. Registros por los que transitaremos precisamente desde la ausencia de ese futuro y ese pasado.

"Algunos están dispuestos a cualquier cosa, menos a vivir aquí y ahora".

John Lennon

Apatía

Anclados en el pasado o proyectados en el futuro estamos evitando que aflore nuestra alegría por el mero hecho de estar vivos y expresarnos en cada momento en lo que somos, sin proyectar nuestra infelicidad y justificándola para trasladar la responsabilidad de nuestra existencia al otro. Bienvenidos pues a este tercer registro emocional de *la apatía*.

Nos sumergimos en la apatía como consecuencia de no conseguir lo que nos propusimos. No expresamos serenidad y la conciencia de *Sí* está ausente. Vivimos la cotidianidad en este invasivo estado de apatía. La personalidad se torna débil y poco activa sin encontrar la chispa que hace que nos sintamos alegres. Los acontecimientos se suceden y los transitamos como meras anécdotas para llegar una vez más al final de un día rutinario y carente de sentido vital.

Todo nos da igual, nada ilusiona. Cualquier suceso por especial que pudiese ser en otro momento pasa sin pena ni gloria. El color y el brillo propio de la existencia han cortado su conexión. No actuamos ya que nada nos llena, es mejor vivir en la sombra de nuestra elegida soledad. El letargo, la apatía, el aburrimienton nos provoca la sensación que nos alejan de la vivencia directa del presente.

Ojos tristes, hombros caídos, limitación en la comunicación, cansancio, resignación y hasta falta de lívido, son sin duda su expresión propia. Energéticamente nos sentimos bloqueados por lo que dicha energía no circula libremente.

Recuerden lo que ya les dijimos en la incertidumbre, la energía es parte esencial, por lo que aquí apelamos nuevamente a ella pero no desde la duda y del cansancio sino desde algo mucho más trascendente como el abandono por nuestro propio descuido.

¿Cómo evoluciona?

El pasado nos puede instalar en un estado de apatía y resignación en el que todo nos da igual. Registro este que nos arrastra hacia el fondo del mar con el ancla de la pasividad y el fatalismo por lo que nos hundimos en el barco de la apatía.

No cabe más que recuperar el interés anteriormente citado, sino que además habrá que tener **iniciativa** para realizar cambios, por lo que levaremos anclas con mucho dinamismo gracias a la fuerza motriz desarrollada por el cigüeñal del trabajo.

Es aquí donde la disciplina en forma de trabajo metodológico debe mostrarse para que la constancia junto con los momentos de inspiración sean los mejores enfoques para el cambio.

Aprendizaje

No debemos justificarla en función de si no soy el mejor no quiero nada. Esto es lo que llamamos el síndrome de la medalla de plata. Deberemos aprender a diferenciar la emoción que conocemos como sentimiento de *alegría*. Sí, de alegría. La apatía nos trae la lección de la alegría en sus diferentes formas. La alegría de felicidad, de satisfacción, placer, entusiasmo, hasta alegría de locura, de libertad, etc. Como apuntó Séneca, *"La apatía es el guante en que el mal y la envidia introducen la mano"*.

La alegría es uno de los caracteres primordiales del Alma, es eterna y no necesita de ente exterior para degustarla.

Agotamiento físico y mental

Dicha desidia nos conduce a nuestro siguiente estado emocional en el que perdemos la fe por extralimitarnos en nuestras acciones. Hemos de pasar por un período de transformación y recuperarnos para poder de nuevo interesarnos. Estamos ante este cuarto registro del ecualizador del presente, *el agotamiento físico y mental*.

En esta transformación aparece una nueva fuerza que anula la anterior, no tenemos fuerzas para nada. Las cargas mentales, físicas, emocionales o intelectuales a las que nos hemos sometido han agotado todas nuestras reservas. La mente no puede soportar mantener la atención en lo que queda por hacer y esto provoca un gran sufrimiento emocional.

Nos encontramos en la "sala de espera de la muerte", donde los músculos se presentan abatidos. Aparece la falta de tono físico. Sólo nos recorren sentimientos de apetencia de sueño. Nos tiramos en uno de nuestros mayores enemigos, el sofá, como vía de escape a todos nuestros problemas. El agotamiento y la pasividad son generalizados, estamos irritables y desesperanzados ante sucesos futuros.

¿Cómo evoluciona?

El estado de apatía nos transfiere una personalidad que se presenta ante el mundo desinflada. La voluntad ha desaparecido pues no existe fuerza en nosotros que imprima movimiento. Es la falta de energía la que se expresa en su lado negativo en este estado emocional del agotamiento físico y mental.

> Recuperando dicha energía apoyados en el **interés por la vida** y restaurando nuestra **vitalidad** como ya hicimos con el registro anterior.

Aprendizaje

El agotamiento físico y mental nos enseña a tomar consciencia de nuestra fortaleza física. Que conozcamos el límite de nuestras fuerzas para no llegar al agotamiento y poder así gestionar nuestras acciones aún mejor. Debemos propiciar la regeneración después de un profundo estado de extenuación cargando las pilas para que volvamos a recuperarnos.

Repetición de Ideas

Acostados en el sofá de la vida es desde donde comenzamos a rumiar ideas y donde ni siquiera nos decidimos a ejecutar la opción aceptada. Aflora aquí el registro de *la repetición de ideas*.

La repetición de ideas, quinto estado emocional este que nos empuja a mantener discusiones mentales y pensamientos recurrentes que vienen una y otro vez.

Surge una y otra vez como un disco rayado. Queremos resolver en la mente las acciones que todavía no podemos acometer o restaurar las que ya han sido ejecutadas con un resultado poco satisfactorio. El disco rayado al que estamos sometidos nos hace ser esclavos de nuestros pensamientos. Entramos en un círculo de ideas torturantes en las que nuestra atención se ha identificado con algunos contenidos de la mente de manera monográfica. Aparece sobre todo cuando la actividad ha cesado y la atención no dispone de elementos externos para distraerse.

Estamos ante este estado emocional cuando nos centramos reiteradamente en enfermedades, en problemas que queremos resolver desde la mente o en sucesos ya acaecidos que no han satisfecho nuestras expectativas y que ahora desde la mente queremos cambiar. Repetimos constantemente lo que nos hubiera gustado decir o lo que no dijimos en un intento mental de acallar el estado emocional desagradable o insatisfecho al que nos vemos sometidos.

¿Cómo evoluciona?

La repetición, fruto de la memoria, induce a la personalidad a buscar elementos coincidentes que le permitan saborear lo que ya vivió, evitando que aparezcan nuevos valores que imprimen actividad a su actual estado.

La mirada se torna perdida. Nos hacemos poco tolerantes al ruido. Aparecen el insomnio y el dolor de cabeza, e incluso surge un desgaste mental que nos puede llevar a síntomas neuróticos. Es aquí donde enraízan los síntomas de los hipocondriacos.

> Es su parte negativa la de tener pensamientos preocupantes no deseados y que equilibraremos hacia su opuesto en forma de **paz mental**. Es aquí donde tenemos que **ser constructivos** y no destructivos, orientando los pensamientos en busca de una mayor confianza en los desenlaces positivos de las cosas.

Hay personas que repiten tanto las cosas, que al final hacen todo lo posible para que aquello negativo ocurra. No se dan cuenta de que lo que hacen es atraer continuamente desenlaces malos por culpa de sus perennes pensamientos negativos. Lo semejante atrae a lo semejante, como ya vimos en la introducción.

Aprendizaje

Gracias a la repetición de ideas, el ser humano se faculta para desenvolverse con destreza y calidad en su aptitud mental. La personalidad del individuo se pronuncia para desarrollar *la pericia* que nos permitirá gestionar de forma ordenada los registros mentales bajo la pauta de *la voluntad*.

¿Quién iba a decirles que la apatía, el agotamiento y la repetición de ideas eran parte de estados emocionales asociados al tiempo presente? ¡Analícense!, pero estamos seguros de que bajo la aparición de estos estados el tiempo se hace interminable. Actividades comentadas como irse al cine, al fútbol, beber, etc. sirven para muchos de ustedes evadirse de los problemas, en definitiva, para que estos síntomas de apatía, agotamiento y repetición de ideas desaparezcan. Lamentamos decirles que eso sólo será por un tiempo determinado. Cuando todas esas actividades de evasión salgan de su mente, los problemas volverán a apoderarse de sus pensamientos.

Aún dos registros más que son completamente imprescindibles para completar la marginación del presente. Aunque les parezca mentira y aún no lo tengan muy claro, son síntomas relacionados con el tiempo. Se trata de *la tristeza* y *el aprendizaje*. Cuando los hayan interiorizado comprenderán por que pertenecen a este estado emocional.

Tristeza

En primer lugar deben alegrarse de estar tristes porque sólo bajo la capa de dicha tristeza podrán poner en el consciente cosas que no saben ni que están. Para ello hemos de introspectar y recluirnos en nuestro interior. Hay que estar tristes y saber escuchar al mismo tiempo para poder así capturar los mensajes que dicha tristeza nos regalará. Conversaciones con un mismo como ya introdujimos al principio de esta obra.

La tristeza aparece cíclicamente para que podamos atender y reencontrarnos con nosotros mismos. No hay causa justificada de esta sensación. Ni siquiera encontramos la causa para explicar el sentimiento que nos mantiene unidos a ella. Hemos de revisar nuestro mundo interior pero con la conciencia de saber que se trata de un estado por un período limitado y que una vez cumplido su ciclo, este nos devuelve a nuestro estado natural.

Cara abatida, grandes ojeras y por supuesto ojos tristes. Comisuras de los labios hacia abajo. Laxitud corporal en miembros y cara. El timbre característico de la pena se manifiesta con una voz baja y con esfuerzo.

Al transitar por este estado extraemos el conocimiento del movimiento cíclico de la naturaleza, como si estuviéramos en una rueda donde todo se repite que llega cuando reconocemos la seriedad de la vida y podemos vivir con humor. Desde este estado miramos para adentro. Buscamos la causa real de nuestra tristeza sin aparente motivo para después vivir un nuevo amanecer.

¿De qué sirve tener gente triste en los trabajos? ¿Se han preguntado alguna vez los directores de recursos humanos cuánta gente triste tienen trabajando en sus empresas? Mejor dicho, ¿con qué frecuencia visita la tristeza a sus empleados? Créannos, gente triste hay más de la que piensan, y esto es un verdadero problema existente en nuestra sociedad. En la mayoría de los casos el problema se puede solucionar con pequeños detalles, aunque otros necesitan de ayuda de profesionales preparados para ello como ya aventuramos en la introducción con la figura del *coach* o mentor.

¿De qué sirve que las empresas ofrezcan maravillosos cursos de formación a empleados que están pasando esos momentos de tristeza? ¿Acaso no sería mejor conocer cuál es el origen de sus problemas? Observamos cómo las empresas apoyadas por sus departamentos de recursos humanos desperdician sus esfuerzos y hasta su dinero, cuando deberían plantearse realmente la posibilidad de solucionar los motivos por los que sus empleados están tristes y desmotivados. Quizás sólo desean salir del trabajo media hora antes para ir a ver a un familiar que está enfermo; o simplemente quieren practicar algún deporte con sus amigos del colegio; o asistir tal vez a un curso de preparación al parto… así como otras pequeñas cosas de fácil solución y que no interfieren para nada en el desempeño de un empleado. Al contrario, aumenta su eficacia y aportación a su desempeño profesional.

Vemos cómo empresas incluso imponen sin escrúpulos las condiciones de los períodos vacacionales de manera irracional. Todo esto son políticas destructivas que provocan ambientes totalmente afligidos dentro de las organizaciones cuyos síntomas de toxicidad, como nos describió el profesor del IESE Luis Huete en una ocasión, pasan por el exceso de control, de las formalidades, exaltación de la obediencia, la repetición de consignas, hasta la restricción de la información, de las amenazas y de los gestos adustos. Si observan estos síntomas dentro de su organización, que sepan y que está demostrado que esta toxicidad les está robando 10 años de sus vidas. Así que manténgase alerta ante dicha toxicidad ambiental.

Falsedad disfrazada no sólo en forma de tristeza, sino en otras formas que más tarde veremos con nuestro quinto rival. El problema de la tristeza es que es contagiosa, por lo que deberán aprender a retratarla y dibujarla, enmarcarla en el museo de sus empresas o en el de sus vidas.

¿Cómo evoluciona?

Todo esto nos ha conducido a un estado de tristeza cuyo registro se mueve entre la más profunda desolación sin causa conocida y la vuelta de la alegría. ¡Recuerden! este estado de tristeza es cíclico, por lo que desaparecerá. Sólo tiene que dejar que pase.

> Apoyados en los registros anteriores donde restauramos nuestra energía y reclamamos paz mental, nos ayudará esto a jugar con tristeza pero tratando de vibrar hacia la **serenidad**. Amiga inconfundible que comenzará a aportarnos estabilidad y con ello, **paz interior**.

Aprendizaje

Estamos seguros de que algunos de ustedes se han sorprendido al observar que les hemos ubicado la emoción de la alegría dentro del registro de la apatía y no en el de la tristeza. Pero, queridos lectores, la tristeza no nos viene a enseñar la alegría sino que se manifiesta para que el individuo haga una reflexión de manera que pueda reencontrarse consigo mismo. Es la tristeza la que nos hace mirar para adentro. Nos propone que estamos ante la antesala de un cambio de conciencia. Hemos agotado la mecanicidad de un ciclo para integrarnos en otro mayor. Nada que ver todo esto con la alegría, así que cuando se sientan tristes, no pretendan buscar desde aquí los sentimientos de alegría. Indaguen y averigüen primero el origen de su estado de apatía, ya que este seguramente les confunda impidiéndoles acortar el período de melancolía.

Aprendizaje

La tristeza sirve ahora como correa de transmisión para nuestro séptimo y último registro de la falta de interés en el presente, *el aprendizaje*. Como hemos dicho, si no aprendemos, repetiremos constantemente la forma de comportarnos a pesar de que hayamos experimentado con ella resultados insatisfactorios.

La persona aparece con una imagen que no corresponde con su edad. Inmadurez y poca capacidad de auto-observación serían las primeras características que definen este registro. Su expresión es ingenua y excesivamente confiada a pesar de que la vida le haya mostrado ya reveses por esa misma causa. Observamos una discordancia típica entre la edad biológica y la psicológica.

¿Cómo evoluciona?

Al interiorizar y hacernos conscientes de este nuevo estado emocional, extraemos un conocimiento adecuado en cada experiencia que potenciará vivencias posteriores, de lo contrario estos sucesos se repetirán como hemos visto en la emoción anterior. La vida desde otro escenario lo frecuentará ya que al no haber extraído el verdadero conocimiento de la experiencia tendrá a bien repetirla para que lo extraigamos. Por eso ahí reside la gran fuerza de la experiencia, queremos asegurarnos de que eso no vuelva a ocurrir.

Por último sintonizaremos el registro del aprendizaje como proceso fortalecedor del aquí y ahora. Es el tiempo en esta forma el que nos brinda esta gran oportunidad, de nada sirve todo lo anterior si no extraemos sus enseñanzas.

> Este registro se armoniza con la **capacidad para aprender de la experiencia propia** y de los demás, de los errores del pasado.

Aprendizaje

Para terminar, el *aprendizaje* viene a regalarnos uno de los mayores baluartes que un ser humano puede poseer, la sabiduría. El *aprendizaje* nos trae la transformación del conocimiento en sabiduría. Convertir en razón los contenidos del intelecto a través de la práctica y el hábito. Dicha experiencia hace que alcancemos un mayor grado de razón a causa de las lecciones aprendidas, por lo que vamos obteniendo mayor calidad de conciencia en dicha evolución. Sabiduría que a su vez provoca un mayor nivel de compromiso y mayor responsabilidad. La falta de esta responsabilidad en las personas es indicativo inequívoco de resistencia a aprender en la vida para mantener una comodidad fingida. Personalidad que se resiste, por lo que tendrá que repetir la experiencia hasta adquirir el aprendizaje de ella tantas veces como sea necesario.

ESQUEMA PARA SINTONIZAR SU PRESENTE

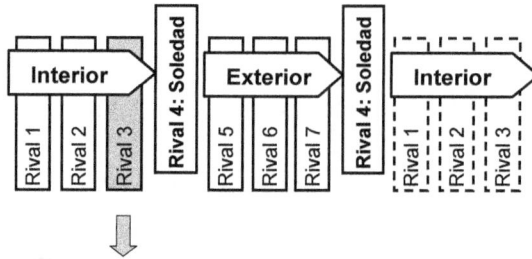

ECUALIZADOR DE LA EMOCIÓN TIEMPO

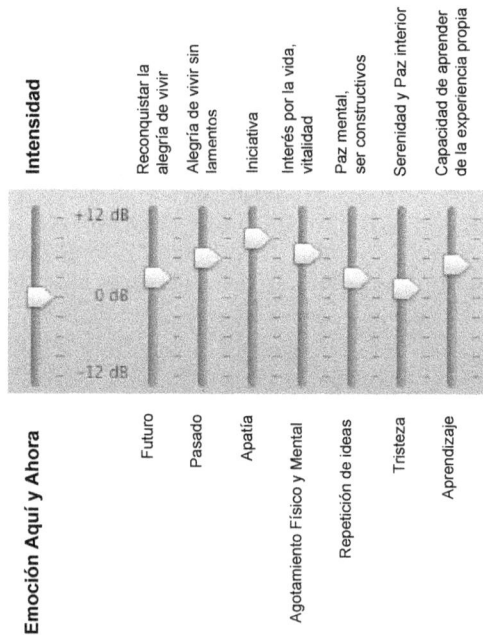

CUANDO TOMES DECISIONES, ¡RECUERDA!

- Cada momento es único.

- La derrota es el punto de partida del triunfo que vendrá.

- La alegría es uno de los caracteres primordiales del Alma, es eterna y no necesita de ente exterior para degustarla.

- El éxito de cualquier persona es el modo en que administra su presente. Los que triunfan son los que consagran su presente en perseguir lo que realmente quieren alcanzar.

- Nunca compren presentes pagando con futuros.

- No cuenta lo mucho que se ha trabajado en tiempo pasado ni lo que se trabajará a futuro, sino lo que se ha terminado, lo que ha dado lugar a resultados concretos.

- Prioricen su presente en el que la inactividad no tenga siesta más que para aprender de un pasado cumplido y un futuro incierto que no solucionan presente alguno.

- Soñar es sinónimo de creatividad pero no lo confundan con delirio de un mundo imaginativo irreal.

- Nos sumergimos en la apatía como consecuencia de no conseguir lo que nos propusimos.

- No actuamos ya que nada nos llena, es mejor vivir en la sombra de nuestra elegida soledad.

- Es la tristeza las que nos hace mirar para adentro.

- El aprendizaje nos trae la transformación del conocimiento en sabiduría.

- Santiago: "La verdad te caza como decía Séneca, llega tarde, cojeando, llega siempre a la cita del tiempo".

"Ahora:
una palabra curiosa para expresar
todo un mundo y toda una vida".

Ernest Hemingway

Rival 4

La Soledad

"La soledad es la suerte de todos los espíritus excelentes".
Arthur Schopenhauer

Nuestra aventura emocional se desarrolla poco a poco y vamos dando los pasos necesarios para hacer realidad nuestros deseos emocionales que acabarán en el progreso individual y de otros. Después de los tres partidos anteriores en los que hemos ido aumentando la intensidad del juego, proponemos ahora un pequeño alto en el camino. Alto en forma de concentración, como en el mundo del fútbol, o el típico retiro de directivos en el mundo de la empresa. Nos complace introducirles ahora este complicadísimo punto de tregua al que llegamos "solos", mirando siempre a nuestro interior.

Estamos ante una reclusión personal, paso obligatorio a lo largo de nuestras vidas del que habrá un antes y un después. Nuestros *miedos* e *incertidumbres* gestionados en el único tiempo *presente* darán paso ahora a entender nuestra interacción con un entorno mucho más complejo, a enfrentarnos a rivales de mayor envergadura.

Tomen este ecualizador emocional como un punto importantísimo de inflexión a modo de "pausa en la vida", peligrosísimo rival este a superar. Entrenadores partidarios de las concentraciones antes de los partidos y directivos que fomentan los retiros anuales en los que habrá que tener muchísimo cuidado porque detrás de estas formas de unión yacen otras presiones emocionales que deben ser gestionadas y equilibradas de manera apropiada. Hablamos del ecualizador de *la soledad*, esa que muchas personas no desean por nada del mundo.

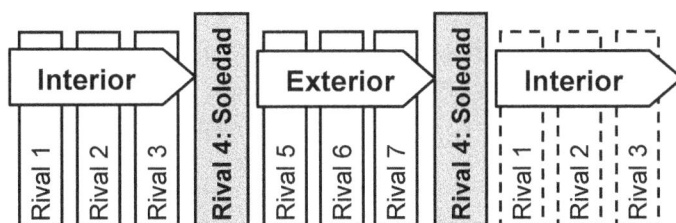

Como hemos visto con este esquema, la soledad es necesaria, es más, es obligatoria, ya que trae consigo otras dimensiones emocionales que servirán como fuente de inspiración en la interacción con los demás, y siempre con el consentimiento de nuestra propia vulnerabilidad, rivales que analizaremos en nuestros próximos capítulos. Soledad que se repite una y otra vez.

Soledad, metafóricamente comparada en forma de *desierto* en otras publicaciones e iniciativas, es un sentimiento que acompaña al ser humano desde el principio de los tiempos. Es congénita en cada uno de nosotros y aparece con toda su contundencia cuando cesan las justificaciones de nuestros propios comportamientos y que hasta entonces eran potenciados por otros.

¿Quién no se ha sentido solo alguna vez? ¿Quién no ha estado solo alguna vez? Sentir o estar solos no son la misma cosa. Podemos estar acompañados de mucha gente y sentirnos solos en este mundo y viceversa. Soledad, terrible compañera para unos, inestimable amiga para otros. Estado emocional que tendremos que examinar en profundidad para registrarlo acertadamente.

> *"La soledad se admira y desea cuando no se sufre, pero la necesidad humana de compartir cosas es evidente".*
>
> **Carmen Martín Gaite**

Podremos buscarla o huir de ella, pero mora en cada uno de nosotros inundando cada poro de nuestra esencia desde el acto individual de nuestra creación, el nacimiento.

Soledad en muchas de sus formas. La de un deportista, la de un piloto de fórmula uno, que a pesar de tener todo un equipo de personas en los boxes encargadas de que la mecánica del coche no falle, debe pilotar completamente solo. Soledad del jugador de tenis que pasa horas y horas con su entrenador, pero cuando le toca jugar un torneo, tiene que arreglárselas solo. Y qué decirles de *"la soledad del directivo"*, según narran en su libro Javier Fernández Aguado y José María Aguilar López.. Soledad a pesar de contar con equipos de numerosas personas. Soledad de enfrentarte a un presidente, a una entrevista de trabajo, soledad que tendremos que afrontar en todas y cada una de sus formas a lo largo de nuestras vidas.

Decimos que la soledad es obligatoria porque es, cuando la aceptamos, la que permite que salga una gran fuerza y confianza en nosotros mismos. Empezamos a vivir desde la individualidad del alma que algunos malentienden como una actitud individualista, pues cuando el egoísmo nace de un inteligente interés propio, es una fuerza constructiva, mientras que cuando brota de la vanidad, del egocentrismo o del narcisismo, entonces dicha fuerza se torna destructiva.

Queridos lectores, a estas alturas del viaje es así, pero cuanto más individual, más actitud de servicio hacia los demás aflora ya que reconoces al otro en ti. Aunque nunca estarás solo, siempre te acompañará tu soledad.

Soledad que dejó bien plasmada Santa Teresa de Jesús en una de sus obras cuyos extractos de poesía sobre las aspiraciones de vida eterna decía, *"¡Ay, qué larga es esta vida! ¡Qué duros estos destierros! ¡Esta cárcel, estos hierros en que el alma está metida! Sólo esperar la salida me causa dolor tan fiero, que muero porque no muero".* Santa Teresa se refería a la cárcel como el cuerpo donde se encuentra aprisionado el espíritu. Prisión esta del alma.

Si antes les relacionábamos la alegría fuera del alcance de la tristeza al pertenecer esta a nuestro estado de apatía, qué decirles ahora de los tres registros que definen la soledad en toda su dimensión. Esperamos sorprenderles nuevamente con la expresión de esta emoción ya que la soledad evoluciona en forma de *orgullo, impaciencia* y *falta de escucha.* Por un lado suficiencia y engreimiento; por otro inquietud, agitación y alarmismo; y por último falta de atención y no comunicación. Ingredientes estos que nos ayudarán a comprender aún más los momentos de soledad, desde donde entenderán que la soledad no deben sentirla como un aspecto negativo.

¿Cuántas personas del tercer mundo se sienten solas? ¿Cuántos enfermos se sienten solos o abandonados? ¿Y de aquellos directivos que piensan que por tener un equipo de cuarenta personas creen estar acompañados cuando verdaderamente están más solos de lo que piensan? Qué error vivir creyendo que sus empleados son fieles por lo que les dan, cuando la mayoría de los que están ahí es porque tienen incentivos que le compensan para hacer otras cosas con sus vidas más allá del trabajo. Incrédulos los que piensan que son los amos del mundo o que por ser jefes son poseedores de las vidas de los demás, porque cuando sus vidas profesionales alcancen el final de sus carreras, pasarán a ser historia en la biblioteca de los recuerdos donde se verán y estarán completamente solos. Solos en los momentos que quizás más necesitemos en nuestra vida, cuando nuestras capacidades físicas y mentales hayan mermado, pero en particular para aquellos que no han iniciado el camino del alma con anterioridad.

¿Quién no ha visto alguna vez a un jefe, un entrenador, un amigo o una persona, con alardes de orgullo y engreimiento? Estén tranquilos porque nada más necio y memo que una actitud de endiosamiento

138 Juega el partido de tu vida. El capital humano y el talento reside en las emociones

que sólo conduce a la descapitalización de la persona. Cuando los vean actuar así, examinen su talante y condición y seguro que les llevará al final de un camino en el que hay una habitación completamente vacía, sin cuadros ni ventanas, llena de soledad donde el aislamiento y la incomunicación se apoderan de su silencio. Estarán presos en la cárcel del olvido, como apuntaba Santa Teresa, en la cárcel de su propio cuerpo. Cuerpo que les arrastrará a una muerte lenta y silenciosa.

¿Cómo se digiere o gestiona la soledad?

Queremos que sientan la importancia de la soledad. Lo bueno de las lecciones positivas que extraemos de ella a lo largo de nuestras vidas, es que resulta ser la llave maestra que abre la cerradura de las puertas de la transformación del proceso evolutivo del individuo. Joaquina en su próximo libro de reflexiones se refiere a ella como *"A solas con mi soledad, cabalgando se fue mi alma. Tormentas de lluvias en el desierto, arenas movedizas en la playa, sonidos que nunca se escucharán, palabras nunca pronunciadas. Sólo cabe esperar seguir sintiendo que no soy nada"*.

Este ecualizador emocional no contiene tantos registros como los anteriores y es que sólo los tres aquí descritos por sí solos bien merecen todo un equipo ecualizador por separado. Y si no, fíjense en las tres personalidades expresadas, *orgullo, impaciencia y falta de escucha*. Ocultamos miedos y no los reflejamos; escondemos la inseguridad y cada uno maneja el tiempo a su antojo y según le viene; pero les garantizamos que a medida que avancen con los siguientes partidos, cada vez se harán más notorios los desajustes de su personalidad. Digerir y gestionar la soledad, se hace aún más indispensable su sintonización que los anteriores ya que no podemos engañarnos con los errores cometidos inicialmente, pues el miedo volverá aún con mayor intensidad que la última vez.

Hará falta algo más que valor y coraje para enfrentarse a la soledad del líder. Nos referimos a la soledad de la humildad donde el aplauso y el reconocimiento son para los demás y no para uno. A comprender que el último eres tú y sólo tú, siendo los verdaderos líderes aquellos que saben gestionar sus equipos desde la más absoluta soledad. La actitud de servicio como entrenamiento diario será el primer indicio de que estamos preparándonos para disputar el siguiente partido contra un nuevo rival.

El peligro de sintonizar la soledad radica en que puede arruinar bastante todo el trabajo anterior, y que un cambio de registro aquí supone una gran mudanza de la casa con la que tanto habíamos soñado. Cambiar un nivel de intensidad en los rivales anteriores nada tiene que ver con un puntito de intensidad aquí. Las escalas se presagian cada vez más sensibles. A medida que se avanza en este proceso, las intensidades emocionales son cada vez más agudas, más exigentes.

Al igual que le ocurre a los grandes equipos en los que pase lo que pase, cada año se les exige que ganen títulos. Pues aquí nos pasa lo mismo. No importa lo cansados que estemos o las pocas ganas que tengamos. Comenzado el proceso ya no hay marcha atrás. Podrán ignorarlo durante algún tiempo, pero su alma les volverá a llamar por teléfono para recordarles que si no van a recogerla, pronto abusará de su personalidad. Presten atención a su corazón y vivan con intensidad cada uno de los registros cuando estos aparezcan o de lo contrario caerán en la desgracia de abandonarse como seres humanos donde la infelicidad arruinará sus vidas estrepitosamente. Aunque hoy no lo vean, al final de sus vidas vendrá a visitarles con bata hospitalaria. Desde este preciso instante, sólo de ustedes depende cómo quieren enfermar, porque para entonces y cuando quieran decidir, ya será tarde. Sólo ahora pueden decidir cómo quieren irse de este mundo ya que morimos según hemos vivido.

¿Qué podemos hacer para que dicha emoción no nos limite? Es desde esta desde donde se pone a prueba *la modestia, la paciencia* y *la comunicación*.

Potenciemos ahora las amistades que trae la soledad en forma de virtud para que esta se convierta en algo positivo.

> *"La soledad es y siempre ha sido la experiencia central e inevitable de todo hombre"*.
>
> **Thomas C. Wolfe**

¿Cómo se expresa la soledad según la dinámica del proceso evolutivo?

Orgullo

Cuando aparece como estado emocional, este suele venir por autosuficiencia. Autosuficiencia esta que prefiere mantenernos al margen de colectivos para conservar nuestra visión individualista a salvo. No necesitamos a nadie y por lo tanto caemos en la sensación de que *Yo* solo, puedo con todo. Requerimos de independencia constantemente desde donde potenciamos el aislamiento de manera compulsiva basándonos en una supuesta superioridad o miedo irrefrenable de perder libertad e individualidad.

Nos tornamos orgullosos, reservados y hasta pedantes. Nos mostramos distanciados construyendo un muro entre los demás y nosotros mismos. Incluso nos ganamos cierto grado de enemistad a causa de nuestra inmodestia, en el que el separatismo es el lema apodado en el aspecto egocéntrico que nos diferencia de los demás. Nos sentimos superiores y no vemos lo que nos une.

Este cúmulo de características las vimos reflejadas en el personaje que protagonizó Michael Douglas con la película "The Game", interpretando a un poderoso e influyente hombre de negocios que acostumbra a controlarlo todo. Reparto de emociones las que se dan en dicha cita hollywoodiense en la que el orgullo aparece caricaturizado.

Observamos a un individuo con esa imagen esbelta, elegante, cuidada, cabeza erguida y mirada penetrante que no soporta las multitudes. Las muestras de afecto sincero y el contacto físico son una dificultad para este estado emocional. Es el típico que sabe herir con la certeza de un disparo. Donde pone la bala, pone la crítica. De ahí que presente grandes dificultades para la comunicación.

¿Cómo evoluciona?

La personalidad que desarrolla el individuo orgulloso expresa su registro emocional entre los límites de su actitud reservada y comedida, a veces distante, con cierto grado de tranquilidad como aspectos negativos y el límite de una positividad que le estabiliza llegando a ser una grandísima persona.

> Tendrán que abrirse a los demás adaptándose con dos ingredientes inconfundibles, *la* **comprensión** y *la* **empatía**.

Aprendizaje

En un primer instante el orgullo nos permite la diferenciación entre los individuos. Se presenta para que nos sintamos como seres únicos, individuales y poder desde la libertad saber elegir aquello que consideramos oportuno para nuestro desarrollo. Libertad, esa que todos afirman poseer y que consiste simplemente en que los individuos somos conscientes de nuestros deseos pero ignoramos las causas por las que están determinados.

Impaciencia

¿Cuántas veces han oído aquello de *"no tienes paciencia"*? Esto no es del todo correcto. Una vez más apelamos a nuestro dogma de la dualidad. Impaciencia no es a paciencia al igual que la tristeza no era a la alegría, no es lo contrario desde el punto de vista emocional. La esencia de esta emoción, como veremos, es la impaciencia.

Debido a ese estado de individualidad promovido por el orgullo, el individuo se encuentra con una personalidad en continuo movimiento que denominamos *impaciencia*.

Aparece esta por la incapacidad de mantener el ritmo de otros y potenciamos la actividad en solitario. No comprendemos la diferencia que hay entre el tiempo físico y el de la mente. Mientras en la mente *Es* ya, en el físico *Está siendo*.

Estamos muy centrados en la calidad energética mental. La experiencia a través de una vida atropellada y plena de movimiento con cierto grado de atolondramiento imprime un ritmo frenético a nuestra vida. Deseamos ejecutar la acción con la misma velocidad que en el físico sometiendo a este a tensiones innecesarias.

Somos intolerantes, irritables y precipitados de pensamiento. Los impulsos tanto verbales como físicos se transforman en hechos sin haber sido digeridos previamente por la mente. El mañana no existe, es ahora. Estamos tan acelerados que terminamos las frases de los demás, las colas nos incomodan, movemos las piernas. Preferimos hacer todo nosotros mismos para no aguantar el ritmo lento de los demás. Elegimos hacer dos cosas al mismo tiempo para evitar tener que esperar a que una se acabe.

La persona vive tensa, contracturada. Mueve incesantemente todo su cuerpo o alguno de sus miembros, balancea la cabeza y se toca repetidamente. Aparecen tics nerviosos. Tiene dificultad para relajar su cuerpo, y síntomas como hipertensión, tortícolis, cefaleas, insomnio, se dan asiduamente.

Aquí se posicionan esos directivos que siempre se encuentran en el eterno *"lo quiero para ya"*, valiéndose del sentido de urgencia cuando en realidad no la tiene. Razón la de San Francisco de Sales cuando afirmaba *"Ten paciencia con todas las cosas pero sobre todo contigo mismo"*.

¿Cómo evoluciona?

Es *el aguante* lo que debemos entrenar para corregir dicha agitación pero no desde la capacidad de aguantar en sí misma.

Este registro se sintoniza con la **tolerancia** y la **comprensión** que apuntábamos desde el orgullo, usando el poder de la espera de manera que esto contrarreste la irritabilidad y el sentimiento de frustración del impaciente cuando no se va a su ritmo.

Aprendizaje

La impaciencia, aunque no lo perciban aún, nos trae el aprendizaje del equilibrio cuerpo-mente, el yin y el yang. Aquí tenemos que ejercitar la coordinación de la premura de la mente rápida y ágil con la menor y que en este caso es la que posee nuestro cuerpo. El tiempo y el espacio llaman a nuestra puerta para que tomemos nota de ello. No caer en la prontitud para terminar antes pensando que haciendo mucho se siente más.

Como dijese Benjamín Franklin, *"quien tiene paciencia, obtendrá lo que desea"*.

Falta de Escucha

De la misma manera que impaciencia no es a paciencia, la falta de escucha no es a permanecer en silencio. Registro este en el que la *falta de escucha* se manifiesta desde el hablador compulsivo que detesta estar solo y que está centrado en sí mismo como parte totalmente destructiva.

El tercer y último registro en el que también vivimos la soledad aparece ante la imposibilidad de saber escuchar y en donde nos desconectamos del mundo exterior. Es el registro de la *falta de escucha*.

Es aquí donde juega su papel fundamental la comunicación, ya que esa falta de escucha es la que siente hambre de comunicar sus vivencias, donde la necesidad de atención está centrada en el propio individuo con la única intención de recoger la información de su experiencia. Habla de una manera compulsiva sin esperar respuesta por parte de su receptor. Esta actitud se puede catalogar como egoísta ya que el centro de atención siempre es uno mismo.

En una ocasión tuvimos el placer de presenciar una de esas intervenciones que atesoran sabiduría interior y que compartimos plenamente. Manuel Campo Vidal, contrastado periodista y presentador de televisión, nos comunicó brillantemente, como no podía ser de otra manera, el significado entre comunicación y liderazgo. Claves que un buen comunicador nunca debe olvidar. La primera, *leer*; la segunda, *escribir*; la tercera, *hablar*; y la cuarta y quizás la más importante para nosotros, ya que es esta el registro del que le hablamos aquí, *escuchar*. ¡Exacto! Como es arriba, es abajo; y ahora como es comunicar, es escuchar.

Destacamos aquí el valor de la comunicación no verbal que con independencia de los porcentajes expresados a continuación, esta contribuye eficazmente en función de las actitudes del individuo. Aunque no nos gusta hablar en términos de tantos por ciento, sí queremos al menos reflejar que más de la mitad de nuestra comunicación es el gesto.

Está más que demostrado que el gesto contribuye por encima de toda comunicación en un 55%; el tono de voz representa la friolera de un 38%; y donde las palabras sólo tienen cabida en un 7%. ¿Por qué perdemos entonces tanto tiempo en hablar? Debemos reflexionar aquí sobre la eficacia y el impacto que queremos causar ya que dicha comunicación exige que nuestros mensajes sean percibidos, comprendidos y aceptados.

Necesitamos *Ser* y para ello hablamos constantemente, así nos sentimos *Yo*. Lo importante es hablar, no importa con quién o dónde, los demás son prolongaciones de nosotros mismos para poder tener nuestras vivencias y así no sentirnos solos, porque vivimos desde la ansiedad. Aquí el individuo se comunica de un modo en el que parece que el mundo sólo está dispuesto para él.

> *"El hombre grande es aquel que en medio de las muchedumbres mantiene, con perfecta dulzura, la independencia de la soledad"*.
>
> **Ralph Waldo Emerson**

Profundizando algo más, detrás se suele esconder una gran carencia afectiva, niños pocos mimados y donde no se reconocen como personas. Es precisamente su falta de reconocimiento la que les lleva a estar continuamente hablando y al no saber escuchar. No tienen conciencia del *Yo*, el individuo no se siente y tan sólo lo hace a través del contacto y de escucharse. Todo para saber que está siendo atendido. La soledad en casa les abruma y tienen la necesidad de estar continuamente con la tele, la radio, música puesta, cualquier cosa para aturdir los sentidos con tal de no sentirse solos. Busca la atención dando lástima a los demás y así centra el cuidado de estos en él.

¿Cómo evoluciona?

La escucha por sí sola no será suficiente para contrarrestar estas insuficiencias sino que deberán mostrar una comprensión desinteresada por los demás. Trascender esto es complejo ya que ha de salir de forma totalmente natural, y la soledad, como hemos podido comprobar, se muestra antipática ante la naturalidad de la personalidad.

No se trata sólo de favores o actos de auxilio permanente hacia los demás, pero donde el apoyo y el refuerzo sí son fundamentales para construir las relaciones interpersonales.

No olviden que todo esto se aprende desde la soledad, por eso aquellos que nunca se han sentido solos siguen hundidos en las miserias de su orgullo, su impaciencia y de su falta de escucha.

> La **sinceridad** y la **sencillez** deben mostrar sus raíces para que la ayuda a los demás se convierta en auténtico donativo para ellos. **Ayuda** esta la que está escrita en el lado positivo de este registro.

Aprendizaje

La *falta de escucha* nos trae el aprendizaje de la verdadera comunicación, de que hay un emisor y un receptor, que en esa máxima debemos saber escuchar secuencialmente en ambos sentidos para obtener un mayor conocimiento del grupo como fruto del compartir las experiencias individuales de cada uno. Nos brinda a aprender a trascender más allá de la comunicación verbal, apertura a lo sensorial y a las expresiones de los demás. El fallo en nuestra comunicación supone al menos una pérdida de tiempo, por lo que debemos codificar los mensajes y controlarlos para transmitir con eficacia. No interrumpan, escuchen. Al escucharse a sí mismo el individuo se siente *Yo*, al tocar a otros reconoce sus propios límites.

ESQUEMA PARA SINTONIZAR SU SOLEDAD

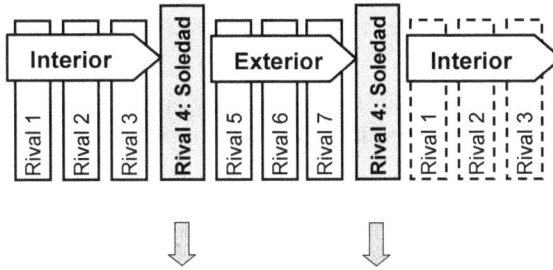

Interior · Rival 4: Soledad · Exterior · Rival 4: Soledad · Interior

Rival 1, Rival 2, Rival 3, Rival 5, Rival 6, Rival 7, Rival 1, Rival 2, Rival 3

ECUALIZADOR DE LA EMOCIÓN SOLEDAD

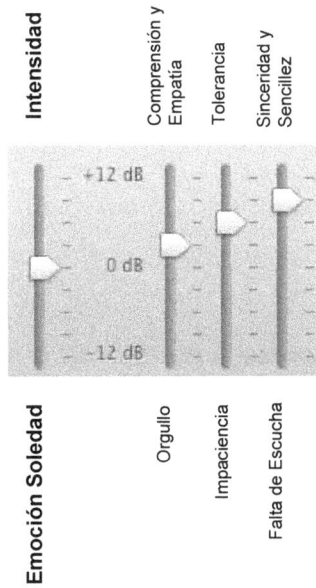

Intensidad

Comprensión y Empatía · Tolerancia · Sinceridad y Sencillez

+12 dB · 0 dB · -12 dB

Emoción Soledad

Orgullo · Impaciencia · Falta de Escucha

CUANDO TOMES DECISIONES, ¡RECUERDA!

- Nunca estarás solo, siempre te acompañará la soledad.

- Necesitamos *Ser* y para ello hablamos constantemente, así nos sentimos *Yo*.

- Cuando el egoísmo nace de un inteligente interés propio es una fuerza constructiva, mientras que cuando brota de la vanidad, del egocentrismo o del narcisismo, entonces esta fuerza se torna destructiva.

- No comprendemos la diferencia que hay entre el tiempo físico y el de la mente. Mientras en la mente *Es* ya, en el físico *Está siendo*.

- La soledad se muestra antipática ante la naturalidad de la personalidad.

- La impaciencia forma parte de la falta de fe.

- La soledad aparece de la no aceptación de lo que hay.

- El único que tiene prisa es nuestra ambición.

- Apuntó Daniel Goleman, *"Aprende a esperar; ¡es la actitud por excelencia!"*, o como citaba Pedro Calderón de la Barca, *"Afortunado es el hombre que tiene tiempo para esperar"*.

"Ahora empiezo a meditar lo que he pensado,
y a verle el fondo y el alma,
y por eso ahora amo más la soledad, pero aún poco".

Miguel de Unamuno

Rival 5

La dependencia al entorno: la vulnerabilidad

*"En soledad me idealizo,
en relación me conozco".*
Dr. Eduardo Greco

Salimos de la soledad para enfrentarnos al entorno exterior que estaba y sigue ahí, la realidad. Parada obligatoria para que se hiciesen amigos antes de irrumpir ese mundo exterior que nos espera disimuladamente. Debíamos despojarnos de todos los enseres y ropajes innecesarios para transitar ligeros por el desierto. Estamos permanentemente en un mundo de relaciones, así que exhaustos y sedientos nos enfrentamos a un nuevo contexto, el entorno de dichas relaciones con otros individuos. Es precisamente en ellas donde tenemos que ir conociéndonos.

Esperamos hayan disfrutado de este "merecido descanso" y que no ha sido por casualidad. Descanso expresado como travesía en el desierto cuya aventura, como así la llama Pilar Jericó en su nuevo libro *Héroes Cotidianos*, es todo un proceso de transformación que requiere pasar por una serie de etapas.

Mientras más largo sea nuestro período desértico, más costará luego afrontar la realidad. Más lejos de esa aceptación lo que verdaderamente es y será es que afrontaremos la confrontación con ese mundo exterior para que la soledad no nos empuje hacia un estado de debilidad y fragilidad que nos muestre nuestro lado de vulnerabilidad.

Nos disponemos ahora a enfrentarnos a un dificilísimo rival, el de nuestra propia *vulnerabilidad*.

Si aún no hemos adquirido el desarrollo necesario para expresarnos individualmente como resultado de una gestión autónoma de nuestros asuntos cotidianos, es al vivir determinadas experiencias desagradables cuando trasladamos la responsabilidad a los demás. Pensamos en función de unos códigos adquiridos en la infancia. Infancia o niñez cuya única forma de comportamiento no posee la visión de que lo único que hace es vivir de una manera cómoda sin adquirir las responsabilidades innatas en cualquier momento de nuestras vidas.

El individuo suele ser bastante sensible y siente que puede ser afectado por las emociones o síntomas de otras personas. Esto ocurre porque hemos dejado que obstaculicen nuestras expresiones. Somos influenciables en la opinión de otros ya que confundimos nuestras inclinaciones con las de las personas que nos rodean.

Famosos, cantantes, estrellas de cine que se esconden detrás de la pantalla, de los focos, y cuando salen al exterior confunden la realidad con la ficción de su mundo por lo que se sienten vulnerables. Genios y grandes presidentes a los que ves actuar magistralmente en su entorno, pero cuando el decorado cambia y tienen que hacerlo fuera de su hábitat natural, donde su autoridad no tiene presencia, sus miedos aparecen de tal modo que ni ellos mismos se reconocen.

Ahí nacen aquellos individuos que, conocedores de su vulnerabilidad, montan toda una cabalgata de procedimientos y normas que no les hagan mostrar sus debilidades.

¿Cómo asimilamos tanta vulnerabilidad? ¿Cómo nos preparamos para gestionar las fases de este partido?

Somos vulnerables ya que estamos dispuestos a acatar complacientemente cualquier cosa con tal de seguir formando parte de ese sistema o modelo de gobierno. Este es el síndrome de pertenencia que determinados individuos expresan a una firma o marca. Individuos que anteponen el trabajar para una firma importante a lo que hacen realmente. Incrédulos los que dejan llevarse por las circunstancias y por el qué dirán. Trabajar para Audi, HP, Sony, Mercedes, Coca-Cola, Nike, Microsoft, etc., les puede más, antes que subirse a otro barco cargado de felicidad.

¿Cabeza de león o cola de ratón? Da igual, queridos viajeros emocionales. En aquella que me proporcione cada uno de los ingredientes positivos que contiene esta obra. Estés donde estés, la vida es la que se encargará de que seas cabeza de ratón o cola de león. No preconcibas tú ese destino que te será regalado.

Todo para mostrar incomprensibles aires de grandeza que no hacen más que demostrar la vulnerabilidad de estos individuos.

¿Cómo se expresa la vulnerabilidad según la dinámica del proceso evolutivo?

Cuatro registros componen este nuevo ecualizador de *la vulnerabilidad*.

Máscara

El primero de ellos es el que denominamos careta o *máscara*. Nos adaptamos a la situación que estamos viviendo ya que buscamos la armonía por encima de todo, donde nos hemos acostumbrado de tal forma que perdemos la conciencia de nuestra incomodidad. Llevamos una máscara y hacemos un chiste de todo aunque estemos tristes por dentro.

Escondemos nuestras preocupaciones bajo una máscara alegre, por lo que para ajustarnos esta, tendremos que tomarnos medida de manera que hasta nuestros defectos deberán quedar perfectamente marcados en la misma. Tiene que ajustarse de tal modo que sea una reproducción perfecta de nuestra cara en toda su forma, aceptando que dicha careta tiene sus cualidades y sus defectos, donde deberán verse hasta esas verrugas que no nos gustan. Mostrarnos tal cual somos en realidad.

Un ejemplo claro de este registro lo vimos con la interpretación de Jim Carrey en la película de "La Máscara". Dicha máscara ejercía un poder del que se sentía atraído por ella, poder para recibir afecto.

En esta línea compartimos una obra que a muchos de ustedes les sonará de su etapa en el colegio, *La Celestina*, cuyo personaje es el más sugestivo de la obra y que acabó dándole el título a la misma. Personaje pintoresco y vívido, hedonista, avaro y vital, del que queremos destacar su capacidad de adaptación patrocinando esta máscara de la vida y en la que al conocer a fondo la psicología del resto de los personajes, conseguía que incluso los reticentes con los planes de esta, cedieran a ellos.

En el fondo tenemos un gran miedo a que descubran nuestros fallos y nos dejen de querer o apreciar. Tenemos miedo a mostrarnos como somos. ¿Comprenden ahora cuando les subrayábamos la importancia de tener bien asimilados sus miedos? No lo olviden, siempre será su primer registro emocional con el que tendrán que lidiar.

En este registro de la máscara entendemos que cualquier muestra de hostilidad y cualquier alteración externa son sinónimo de rechazo provocándonos esto alteraciones emocionales. Creemos que nadie se dará cuenta sin atender a que estamos engañándonos a nosotros mismos.

No sabemos expresar nuestras emociones, bien porque no las conocemos o bien por no querer amargar a nadie. Mitigamos la ansiedad acudiendo a cualquier tipo de adicción; el alcohol, el tabaco, la comida, el sexo, aparecen como vía de escape. Todo para suavizar la angustia interna y no conocer nuestra farsa interpretativa. La farsa puede ser duradera pero el tiempo le acompaña sigilosamente para sentenciarla en el momento oportuno. Bienvenidos al mundo carnavalesco del ser humano. La Venecia italiana nos recibe con su antifaz en la góndola teatrera con su forma de drama-comedia.

Hay una canción que muestra esta emoción y cuya letra dice así:

> *Ay cofre de vulgar hipocresía*
> *ante la gente yo oculto mi derrota,*
> *Payaso con careta de alegría*
> *pero tengo el alma rota,*
> *y en la dicha fatal de mi destino*
> *y hubo un ser, que cruzó por el camino,*
> *soy tan fuerte que puedo con mi vida*
> *pero siento que mi alma está perdida.*
>
> *Payaso, soy un triste payaso,*
> *oculto mi fracaso con risas y alegrías*
> *que me llenan de espanto,*
> *payaso, soy un triste payaso*
> *que en medio de la noche*
> *me pierdo en la penumbra*
> *con mi risa y mi llanto.*
>
> *No puedo soportar más mi careta*
> *y ante el mundo estoy riendo*
> *y dentro de mi pecho mi corazón sufriendo.*
>
> ¡¡¡Payaso!!!

¿Cómo evoluciona?

Las personas aguantamos tensiones absurdas, tensiones que en realidad queremos mantener a toda costa en función de una comodidad por nosotros mismos aceptada. La personalidad se incomoda ante las discusiones y las alteraciones de las cosas, por lo que todo está bien a pesar de sufrir una gran tensión interna. La angustia y la ansiedad en función de que no queremos hacernos conscientes, la sonrisa por fuera y la profesión por dentro, nos es frecuente.

> Sintonizaremos este registro hacia esa aceptación, hacia un **optimismo real** y **sin falsedades**.

> ### Aprendizaje
>
> La máscara nos enseña algo maravilloso. Mientras que en un espejo podemos mirarnos tal cual somos, no podemos tocarnos; una máscara podemos tocarla, sentirla y cuando nos la ponemos hasta le proporcionamos su propia expresión. La misma máscara en distintas personas origina expresiones diferentes, por esta razón este estado emocional nos amaestra con su sentido de pertenencia sin mutilar nuestra propia naturaleza. Pretende hacernos conscientes de nuestras necesidades como alma. La personalidad aquí no debe dejarse seducir por el afecto y reconocimiento en pos de ser aceptado en el clan, grupo o incluso en esta sociedad. Máscara que tiene la capacidad de manipular la propia forma del individuo y del mundo que le rodea a una medida sobrehumana, lo que implica una proyección sobre el mismo de sus fantasías preferidas.

Sometimiento

Inmersos en esta tragicomedia interpretativa somos incapaces de atender nuestros conflictos y nos sometemos con facilidad a la voluntad de otro. Estamos ante la segunda emoción de nuestra vulnerabilidad, *el sometimiento*.

Nuestro segundo registro naufraga en un mar de voluntad débil, sin saber decir que no, ya que sólo nos preocupa el querer agradar siempre.

Dependemos de los demás y precisamos de su aprobación. Necesitamos pertenecer a una familia, un clan, un colectivo, o a entidades que potencian el sometimiento, aunque nuestro verdadero deseo sea contrario a la propuesta que nos llega del exterior. El individuo se muestra ante el mundo desde un vehículo físico débil con mirada siempre hacia abajo y que nunca mira a los ojos.

Normalmente con mucho más poder, obedecemos su mandato y al final no observamos que nos dejamos invadir en todos los territorios de nuestra vida. Creemos que no tenemos suficiente autonomía para navegar solos. Vivimos la vida de otros y complacientes acatamos las órdenes que nos llegan del exterior.

¿Cómo evoluciona?

Es aquí donde la hipocresía se hace palpable manifestándose con fingimiento, hay quien incluso lo hace con astucia. Pero cuidado, no confundan dicha astucia, ya que hace perder de vista la realidad, y aunque la picardía tiene también su lado bueno, hace que las personas actúen bajo los ingredientes de la marrullería y el engaño. Aquí observamos a esos individuos que defienden y expresan sus propias voluntades. Dan pero con sensatez.

> Este patrocinio de la **propia voluntad** es síntoma inequívoco de que ese individuo está sintonizado en su registro positivo del sometimiento.

Aprendizaje

Es nuestro sentido de pertenencia el que nos instruye y prepara para comprender la sumisión a la que nos hemos sometido, ya que ese sometimiento viene a este mundo para que desarrollemos la *voluntad individual* con objeto de ilustrarnos el significado de movimiento y que todo siga hacia delante. Voluntad cuyo significado es el de la actividad que nos lleva a la creación, a una mayor gloria y a una respuesta cada vez más profunda e inteligente. Desde la actitud de entrega y resignación adoptada por el acatamiento es cuando debemos aprender a saber expresarnos desde el libre albedrío, y ser capaces de superar una vez más nuestros miedos por querer mantener a cualquier precio los beneficios que obtengo de la pertenencia donde estoy a pesar de todos esos abusos.

Ahí reside la libertad de expresión, esa que tanto se coarta por superiores y líderes caducos.

Necesidad de protección

Es precisamente este sometimiento el que nos sumerge en nuestra siguiente vulnerabilidad provocada por la influencia y dependencia de nuestro entorno, se trata de *la necesidad de protección*.

Lógica aplastante que aparece debido a que los cambios nos afectan. Los rehuimos en función de la protección que queremos seguir manteniendo a toda costa porque nos cuesta desprendernos de lo que ya no necesitamos.

Se hace evidente que todo lo anterior nos lleva forzosamente a tirar de protección frente a los cambios y las influencias exteriores, a escudarnos de los riesgos que el entorno arrastra.

¿Cuántas personas, jugadores o empleados deciden protegerse ante las injusticias de un entrenador o un jefe machacante? Horas y horas podríamos estar hablándoles de esto en las empresas, en el mundo del deporte y en otros ámbitos de la vida.

Departamentos de recursos humanos completamente obsoletos y abdicados a la supremacía de un CEO (*Chief Executive Officer* / Director General), por el simple hecho de agradar y pelotear, o al menos, tratar de no distorsionar su forma de interpretar las cosas. El tiempo es el que se encarga una vez más de visitarle, de manera que aquellas apuestas personales que dicho CEO había hecho, ya no están bajo sus órdenes porque la confianza y el compromiso a los que este se refería, no eran más que su vulnerabilidad, su miedo a perder su puesto de CEO frente a individuos con mayor grado de competencias que él. Directores, jefes… cuya intransigencia es el reflejo de su vulnerabilidad. Individuos que no confían en nadie y que exigen a los demás lo que ellos mismos no son capaces de cumplir, porque en realidad no se fían ni de ellos mismos.

Es por lo que adoptamos mecanismos de protección cuando sentimos que el trato no es el correcto y donde los éxitos ya no tienen cabida para nuestros superiores. Con su mano derecha utilizan el puño de la envidia y con la izquierda levantan los dedos de los celos, confirmación de que han tomado nota de que dicho subordinado ya no les necesita. Subordinado que está haciendo lo que en el fondo a ellos mismos les gustaría hacer pero que su cobardía no les permite sino prescindir de los servicios de este, por lo que se las ingenian para acabar con él mediante un despido injustificado, una expatriación o un cambio de departamento donde el individuo no pueda quitarle el puesto, donde no moleste, en definitiva, destino en el que este no pueda brillar.

La naturaleza nos ha provisto con un dispositivo para que como seres humanos nos manifestemos libres y autoconscientes sin que nadie nos impida nuestro desarrollo individual y movimiento. El espíritu de protección ha de ser entendido de tal forma que la voluntad pueda expresarse sin interferencias.

¿Cómo evoluciona?

Mantendremos la pertenencia a través de la modificación de la personalidad cuya actitud pasiva, desde un punto de vista paciente, le reporta a dicha personalidad la comodidad que le permite al individuo participar en todo lo que le proponen.

> Para equilibrar esto nos adaptaremos en **búsqueda del sentido de la identidad** y de protección, protección de la influencia de los demás. Esto es lo que se conoce como la **facultad de adaptación al cambio**. El señorío y la autoridad hacen acto de presencia en su lado más positivo.

> **Aprendizaje**
>
> Los abusos y las injusticias sufridas se antojan más que necesarios para activar el mecanismo de la *protección*, aunque lo que verdaderamente se oculta detrás de esta emoción es la capacidad de reconocer por un lado, la necesidad vital de proteger la expresión *"Cara de Póker"*, y por el otro, la de marcar de forma consciente nuestro territorio psicoemocional.

Egoísmo

La protección de nuestro territorio en sus diferentes formas es la que da paso a la envidia al fomentar el deseo de lo que no nos pertenece, los celos para que no nos lo arrebaten y la agresividad para retener lo que es nuestro.

Es lógico pensar que este ecualizador del entorno nos lleva a este final tan presente y que a todos nos embarga diariamente de un modo u otro, donde el amor hace acto de presencia en su lado más amargo e individualista, bombeando por nuestras venas glóbulos de egoísmo. Cimentados con este líquido interior donde el setenta por ciento de nuestro cuerpo ya no es agua, mutando hacia un estado sólido en forma de odio, envidia, celos, sospecha y cólera. Estado en puro conflicto.

No sabemos ponernos en el lugar del otro. Somos egocéntricos y no tenemos conciencia de la unidad. Perdemos la visión del *Yo* y queremos abarcarlo todo. El amor lo cambiamos por posesión y conquista. He aquí este último registro emocional al que llamamos *amor propio* o en su expresión más vulgar, *egoísmo*.

¿Cómo evoluciona?

Acciones egoístas que iremos cambiando al ir reconociendo la individualidad en la unidad, en ese entender que el otro soy también *Yo*, que todos formamos parte de todos.

> Último registro emocional de la vulnerabilidad que nos exige todo un reto personal hacia una total mutación en la que hemos de vibrar hacia *la* **generosidad**, *la* **comprensión**, **tolerancia** *y la* **compasión**.

Aprendizaje

Es el *egoísmo* el que nos ayuda al reconocimiento de la unidad en la diversidad. En dicha diversidad está la perfección en su sentido amplio. Un poquito de aquí y un poquito de allí, como si de un cóctel se tratara, cuyo sabor final no existe en la naturaleza sino que se llega a él gracias a la combinación de varios ingredientes. Esto da paso al amor universal ya que se transciende cada uno de los ingredientes por separado. La fórmula mágica es la composición de amores parciales que solos son fáciles de entender pero que cuando se juntan, forman un todo irreconocible. Mejor pues ir reconociendo todos los aspectos del amor sin perder la sensación de *Yo*. Quien egoísta es, no conoce Amor.

La base de este aprendizaje será la capacidad del individuo a la autocrítica y que no podrá llevarse a cabo en aquellos individuos enclavados en un régimen defensivo de su propia vulnerabilidad que le impida mirar a su temido interior, ya que cualquier crítica trivial o diferente modo de cuestionar las cosas es vivido como una ofensa contante.

ESQUEMA PARA SINTONIZAR SU VULNERABILIDAD

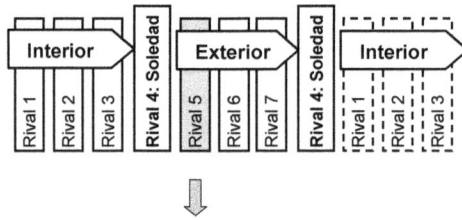

Interior			**Rival 4: Soledad**	Exterior			**Rival 4: Soledad**	Interior		
Rival 1	Rival 2	Rival 3		Rival 5	Rival 6	Rival 7		Rival 1	Rival 2	Rival 3

ECUALIZADOR DE LA EMOCIÓN VULNERABILIDAD

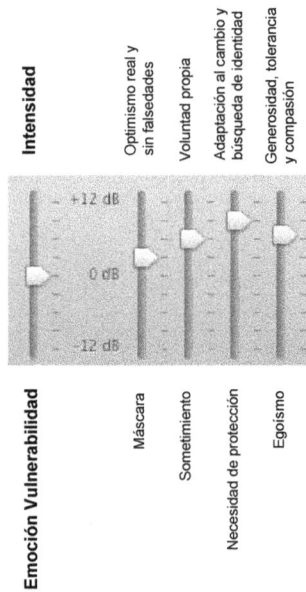

Intensidad

- Optimismo real y sin falsedades
- Voluntad propia
- Adaptación al cambio y búsqueda de identidad
- Generosidad, tolerancia y compasión

+12 dB

0 dB

-12 dB

Emoción Vulnerabilidad

- Máscara
- Sometimiento
- Necesidad de protección
- Egoísmo

CUANDO TOMES DECISIONES, ¡RECUERDA!

- Me hago rebelde ante mi imposibilidad cuando te necesito.

- La ansiedad no es más que lo que nos hace conscientes de algo que no podemos aceptar.

- Gestionar con amor es gestionar con conciencia.

- La farsa puede ser duradera pero el tiempo le acompaña sigilosamente para sentenciarla en el momento oportuno.

- Las personas aguantamos tensiones absurdas, tensiones que en realidad queremos mantener a toda costa en función de una comodidad por nosotros mismos aceptada.

- Dependemos de los demás y precisamos de su aprobación aunque nuestro verdadero deseo sea contrario a la propuesta que nos llega del exterior.

- Los cambios nos afectan, nos cuesta desprendernos de lo que ya no necesitamos.

- La protección de nuestro territorio en sus diferentes formas es la que da paso a la envidia al fomentar el deseo de lo que no nos pertenece, los celos para que no nos lo arrebaten y la agresividad para retener lo que es nuestro.

- No sabemos ponernos en el lugar del otro. Somos egocéntricos y no tenemos conciencia de la unidad. El amor lo cambiamos por posesión y conquista.

"Gracias, egoísmo, por hacerme entender lo que es el amor,
lo que no tengo cuando me comporto como tú quieres que sea".

Joaquina e Ignacio

Rival **6**

El abatimiento y la desesperación: el desaliento

*"La desesperación aparece psicológicamente
como una gran conmoción
que alcanza la totalidad del ser y la existencia,
que puede conducir a la transformación
o al aniquilamiento".*

Barbara Espeche

Con la esperanza de que lo que han sentido hasta ahora les haya calado en algún rinconcito del corazón, entramos ahora a jugar uno de esos partidos donde el tiempo se prolonga indefinidamente.

En este nuevo ecualizador el tiempo se prolonga eternamente, como si este se detuviese. Quizás por el grado de concentración al que nos hemos sometido estemos pagando las consecuencias. Nos encontramos ante una situación en la que percibimos que no tenemos salida alguna. La mente nos recuerda que no hay escapatoria para modificar este estado o tenemos conciencia de una mirada más amplia para aceptar la vivencia que nos está tocando vivir. A pesar de los tiros al palo, de todas las oportunidades que hemos fallado, aun siendo merecedores de la victoria por puntos, de los récords de ventas, y de lo buenos que somos, nos toca aceptar y vivir que hemos llegado a los penaltis. Penaltis que nos hacen recordar una vez más que nos hemos encontrado con la realidad.

No se preocupen, ya que sin saberlo ya están preparados físicamente para afrontar este tipo de partidos en los que la prórroga juega un papel fundamental para alcanzar el deseado pase que les hará disputar la gran final. Habrá que jugar otros treinta minutos más a pesar de estar abatidos y desanimados. Los penaltis son ahora un regalo de liberación que comprenderán una vez transcurran los minutos de este partido, cuyo rival nos espera igualmente ansioso conocedor de nuestra fortaleza emocional a estas alturas de la competición.

Desde este estado emocional hemos de abandonar maneras de percibir la vida para expandir nuestra verdadera magnitud como ser humano. Hemos de cuestionarnos y transformar nuestra manera de pensar, maneras que nos atan al sufrimiento ya que estas vienen como consecuencia de no aceptar lo que estamos viviendo. Todo para poder vivir de acuerdo a una nueva perspectiva que nos acerca a nuestra verdadera naturaleza.

> *"La desesperación es el resultado de pretender tomarse en serio la vida con todas sus bondades, la justicia y la razón, y de cumplir con sus exigencias".*
>
> **Hermann Hesse**

Esta desarticulación en nuestra manifestación nos acercará al final a una verdadera expresión de nuestra individualidad. Estará más cerca de nuestro ideal de refinamiento, de perfección. Para ello hemos de ir experimentando el conocimiento exacto de nuestro propio desarrollo, descubrir nuestro auténtico potencial y poder ir realizando actividades que pondrán de manifiesto nuestras habilidades.

¿Cómo digerimos o gestionamos la desesperación?

Como hemos adelantado, es este ecualizador emocional del *desaliento* el que se expresa con mayor número de registros, lo que complica y a la vez facilita su expresión, ya que podemos ajustar más emociones, permitiendo con ello fortalecer nuestra personalidad. Empezamos pues con estos registros de la *desesperanza*.

Recuerden que venimos de una soledad que nos ha mostrado una realidad individual antes no conocida para posteriormente poder enfrentarnos gracias a ella al difícil mundo exterior, al entorno. Hábitat que se aclimata en muchos de nosotros administrándonos un mundo de desánimo y desaliento cuando transitamos por él.

¿Cómo se expresa la emoción del desánimo o desesperanza según la dinámica del proceso evolutivo?

Este largo y ancho ecualizador del desánimo nos empuja escandalosamente a empezar a ocuparnos de la *autoestima*. Nuestro primer estado emocional dentro de este mundo.

Autoestima

Cada cual es quien es y hemos de saber hasta dónde daremos de sí. Admiramos en otros lo que hemos de desarrollar. En la acción de otro me veo a mí, sin caer en eso de no podré hacerlo o lograrlo por culpa de una baja autoestima. He instalado en mi mente la creencia de que yo no soy capaz.

Sensación de inferioridad que me impide la acción. Nos creemos incapaces y perdemos espontaneidad en las relaciones y en los asuntos del mundo. La opinión se ahoga en nuestro interior y jamás la mostramos. Nos consideramos superficiales ante la destreza expresiva de otros volviéndonos casi invisibles ante los ojos de los demás. Admiramos en silencio los logros de otros y siempre permaneceremos en la sombra tanto en la familia, empresa o grupo social al que pertenezcamos.

"Sentimiento de aprecio o de rechazo que acompaña a la valoración global que hacemos de nosotros mismos".

Luis Rojas Marcos

Aquí hemos de distinguir la admiración de la envidia ya que el envidioso ambiciona ser el otro pero no se siente inferior sino desfavorecido. Sólo ve en el otro la fortuna que ha tenido y no el trabajo que ha realizado. El que admira, no envidia, ya que ha decidido que él no tiene habilidades, así nunca se pone en marcha y cada vez intenta menos cosas. La persona no se valora, no se ama y tiene una imagen bastante pobre de ella misma.

En cuanto a la baja autoestima, esta se manifiesta en su lado más negativo por la falta de confianza en uno mismo y que viene provocado como consecuencia de un sentimiento de inferioridad. Individuos que en esta parte negativa del registro emocional no lo intentan por miedo al fracaso.

¿Cómo evoluciona?

Para allanar las agresiones de una autoestima baja nos comprometeremos con su parte discordante basada en los siempre triunfantes ingredientes de la perseverancia, la persistencia, la firmeza en forma de osadía que casi roza la temeridad.

Confianza y **determinación** son sin duda el código que abre las puertas blindadas de la cámara acorazada donde se encuentran los lingotes de la autoestima.

Aprendizaje

Trascenderemos la autoestima para poder descubrir nuestras propias habilidades y potencialidades. Luego las pondremos en marcha para lograr saber hasta dónde podemos llegar, dónde están nuestras limitaciones, pero nunca basados en falsas expectativas que nos hagan sufrir algún tipo de desilusión. Tenemos que aprender a reconocer que lo que admiramos en otros son potencialidades ocultas que no atendemos para que no se dé la rivalidad. Así que, nos guste o no, ese será el camino que deberemos tomar. De esa admiración nace gran parte de nuestro más profundo *Ser*. De ahí nace la motivación que nos falta.

Culpa

La falta de confianza en uno mismo hace que caigamos en el siguiente estado emocional, el de *la culpa*.

La culpabilidad, registro este que se alimenta de los remordimientos. Sentimientos de responsabilidad de todo se apoderan del individuo donde se manifiesta con toda intensidad el arrepentimiento.

Mantenemos unos códigos en función de que no podemos alcanzarlos sintiéndonos culpables por esa sensación de no poder. Nos hemos puesto unas metas inalcanzables y no nos sentimos dignos por lo que hacemos. Jamás estamos contentos con la manera de expresarnos y nos infringimos un castigo para evitar que nos puedan hacer otros.

No somos coincidentes entre el pensar y el actuar. Ante los demás nuestra actitud puede ser interpretada como molesta o inadecuada, lo que nos lleva a estar pidiendo disculpas de manera reiterada. La culpa nos impide nuestra verdadera expresión y evitamos el hacernos responsables. Pedimos perdón constantemente para que no se ejecute el castigo pero cada acción llevada con conciencia no ha de causar trastorno alguno, ya que son fruto de la necesidad de expresarnos tal y como somos.

¿Cómo evoluciona?

Estado de culpa que nos revela el registro del *respeto* en su lado bueno.

> Hay que buscar el equilibrio con la alegría de vivir. Aceptado como somos y mostrado el respeto hacia nosotros mismos, seremos capaces ahora de expresarnos con juicio claro. Nuestras palabras se cargan de sensatez donde la **prudencia** también hace acto de presencia en forma de sabiduría.

Aprendizaje

La culpa se nos presenta como otro gran maestro de la vida. Viene para que aprendamos entre el pensar y el actuar de acuerdo a los códigos que corresponden en cada momento. Desde aquí se explica la búsqueda de un gran ideal de perfección. La exigencia para ser mejores personas ya que de lo contrario seríamos todos unas malas personas.

Deber

Los sentimientos de culpabilidad al no sentirnos merecedores de las cosas conducen finalmente a asumir demasiadas responsabilidades para aparentar lo buenas personas que somos. Aunque no nos corresponde las asumimos y conseguimos abrumarnos por todo lo que ejecutamos. Si no puedo hacer frente a algún compromiso, siento que falto al deber, independientemente de que sea por algún imprevisto o enfermedad. Esto es el registro del *deber*, tercer estado emocional del ecualizador desaliento.

Tenemos muchas capacidades pero desde aquí perdemos las perspectivas de ellas por lo que no sabemos delegar en los demás, por eso no olviden que nunca deben delegar aquello cuya experiencia permite crecer como individuo. Necesitamos que todo pase por nuestra mano para que no se dé el que no se ha hecho de forma impecable, la perfección en su máxima expresión.

> *"La perfección es muerte, la imperfección es el arte".*
>
> **Manuel Vicent**

¿Cómo evoluciona?

Los excesos de responsabilidad y trabajos asumidos inducen a los sentimientos de desborde. La personalidad tiene un gran sentido de la responsabilidad donde el gran número de actividades es una necesidad del deber cumplido. Es entonces en este registro emocional donde sintonizaremos en busca de estados de seguridad apoyados nuevamente en el ingrediente confianza.

En este registro nos atreveremos a ir un poco más lejos ya que gracias a esa seguridad iremos ganando en certeza para que no sólo seamos más convincentes sino que actuemos con mayor eficiencia.

> Son pues la **seguridad** y la **eficacia** las que nos equilibrarán el estado del deber.

Aprendizaje

El deber aparece para explicarnos que este no ha de llevar esfuerzo alguno sino que ha de coincidir con nuestra expresión más adecuada en cada momento de acuerdo a nuestro verdadero objetivo. Sin caer en el continuo demostrar de nuestras habilidades y de presentarnos hacia los demás como una persona cumplidora y honrada porque así demuestro que pueden contar conmigo. Hay que trabajar duro cada día, demostrándonoslo a nosotros mismos. No necesitamos demostrar nada a nadie, bajo el trabajo constante, los resultados llegarán. No aceptes retos individuales para demostrar nada a nadie, exprésatelo en ti mismo y recogerás las mieles del éxito.

Angustia

Alcanzado nuestro límite y bajo una profunda desesperación y angustia sentimos que nos hemos abandonado, que hemos renunciado a nosotros mismos.

Entramos ahora en un estado de carga que nos hemos impuesto. Este gravamen expresa un nuevo estado, el de *la angustia*.

Una angustia abusiva que se torna insoportable. Hemos aguantado unos límites de resistencia que nos llevan a pensar que no tenemos fuerzas para seguir viviendo aunque deseemos hacerlo. Cada minuto parece una eternidad y parece que no existe el mañana, el futuro.

El dolor es tan intenso y las fuerzas tan escasas que vivimos muriendo. Ya sólo nos queda respirar.

> *"Vivo sin vivir en mí y tan alta vida espero, que muero porque no muero".*
>
> **San Juan de la Cruz**

¿Cómo evoluciona?

Entramos en las noches oscuras del alma, como publicara bajo este título Thomas Moore, donde nada nos reconforta y todo se torna sin sentido. Desde este estado conectamos con ella y seguimos su camino. Cubrimos sus necesidades y vamos dejando morir poco a poco nuestra personalidad para que esta renazca con un grado más coincidente desde la edad del alma.

> Es la hora de estabilizarnos aumentando las sensaciones de apoyo interno, sintonizando hacia el lado positivo de la liberación. Aparece *la* **libertad** y *la* **autonomía**.

Ningún directivo que se precie y que exija autonomía de un subordinado, sabe que esto no es posible sino desde la libertad del propio individuo. Por supuesto bajo la responsabilidad de cierto criterios y pautas de la organización, las reglas del juego.

> **Aprendizaje**
>
> La muerte es la constante en la vida y es así, en este nacer y renacer, en cada ciclo, donde trascendemos lo que ya no es. Muerte no sólo física sino mental y espiritual a la vez. Esto es lo que la angustia quiere revelarnos. Transmutación como proceso de cambio para poder dotarnos de mayor perfección. Aquí reside la renovación, la capacidad de reinventarnos a nosotros mismos.

Impacto

La desesperación aparece también como consecuencia de algún tipo de shock, impacto nervioso, accidente o una mala noticia repentina, claudicando en la pena y el duelo ante tal suceso.

Llegamos así al quinto estado, *el impacto*. Luchamos por mantenernos enteros, donde llegamos, después de tanto sufrimiento, al shock.

Este impacto tanto físico como emocional nos desarticula pudiendo sentirnos desorientados, perdidos, aturdidos y desconsolados. La sensación de que estamos rotos nos acompaña. El físico parece que no conecta con los demás vehículos y podemos sentir inestabilidad física, hormigueo y alteración nerviosa.

¿Cómo evoluciona?

Para pasar la barreas de este castigo y de duelo afinaremos este registro hacia la liberación de las tristezas y los traumatismos por tales circunstancias.

> Viviremos hacia la positividad que nos otorga el **liberarnos de las tensiones** del cuerpo y del espíritu.

Aprendizaje

El *impacto* viene a mostrarnos el desarrollo de la habilidad para reorganizar el cuerpo físico, la emoción y la mente tras esos impactos existenciales de gravedad. Su intención es la de tomarnos nuestro tiempo para volver a nuestro ser y recomponer lo que la vivencia ha descompuesto, mientras dirige la experiencia.

Reproche

El sexto registro, el reproche, se expresa pidiendo *clemencia*. Sentimiento de lástima, de autocompasión por las aparentes injusticias sufridas pasando a un estado de resentimiento y amargura.

Creemos ahora que lo que nos está pasando es debido a la actitud de los demás. Aparece otro nuevo estado, *el reproche*.

El rencor y la queja son el lamento de nuestra incapacidad y trasladamos nuestros errores en los otros al no poder reconocerlos como nuestros. Aquí el individuo piensa que el mundo está en contra de él, fomentando así una actitud de víctima en la vida y traslada su mala fortuna a la acción de los demás.

Vivimos la vida con pesimismo y somos egoístas y desconsiderados. Reprochamos la buena suerte de los demás pues todo les ha de llegar sin esfuerzo. Nunca estamos contentos y somos molestos.

¿Cómo evoluciona?

Este absurdo martirio de aspectos negativos se reconcilia a través de la positividad de recuperar otra vez la alegría de vivir.

> Es tiempo para registros tan radicales e indispensables como *el* **olvido** y *el* **perdón**.

¿Podemos olvidar si no sabemos perdonar? Si no saben perdonar, seguirán reprochando y reprochando sin más. Jugadores que creen recibir injustamente una tarjeta y de repente se van del partido hasta conseguir que el árbitro los termine expulsando. Personas que eran los perfectos empleados y que un buen día dejan de serlo. Sucesos que sacan mentalmente a las personas del partido de sus vidas.

Aprendizaje

El reproche nos guía para la aceptación del *lo que es*, de la vida *tal cual es*. *Lo que soy*, es lo que he cultivado. *Lo que digo*, es la consecuencia de lo que soy. *Lo que recojo* es la consecuencia de lo que he hecho en mi vida. Ya saben, *"quien siembra recoge"*. Aunque el reproche nos hace mantener la creencia de nuestro buen hacer, no debemos caer en la incredulidad de mantener una buena imagen y del traslado de nuestras responsabilidades a este precio.

Laboriosidad

Además del sentido del deber citado, existe también este mismo sentido del deber pero desde un lugar diferente y en el que, aún exhaustos, seguimos adelante obstinadamente. Estamos inmersos en el estado del afán y del esfuerzo, lo que llamamos *laboriosidad*.

Obcecación que habrá que remediar desde un tiempo antes transitado como el de la soledad, donde la paciencia vira aquí hacia su intensidad más favorable para tomarnos el tiempo que nosotros mismos necesitamos, sin cegarnos inútilmente.

Pasamos a querer convertirnos en alguien, por lo que sentimos la gran necesidad de reconocimiento que nos lleva a una actividad continuada en cualquier ámbito donde el ocio no existe. Nos llevamos el trabajo a casa y enfermamos en vacaciones, los fines de semana, o cuando dejamos de trabajar. No sabemos pedir ayuda ya que esto sería signo de debilidad. Nos dejamos llevar hasta el agotamiento físico y psicológico.

A pesar de nuestro silencio tenemos gran necesidad de reconocimiento y aunque no lo demostremos, nos emocionamos como niños cuando se nos considera. Lloramos en casa cuando vemos en una película eso que estamos obviando. En el fondo hay un sentimiento de añoranza y de tristeza por no saber reconocer que nos estamos perdiendo otras cosas, que no lo estamos haciendo bien.

El individuo entiende el trabajo como forma de vida, que si no hace nada, está perdiendo el tiempo. No hacer nada es sinónimo de vago, el ocio se adopta como holgazanería y la producción como meta.

Las personas caen en enfermedades súbitas que nadie espera por su gran fortaleza. Patologías relacionadas con el corazón, colapsos, apoplejías, parálisis e incluso disfunciones neurovegetativas. Que el *Señor* se apiade de las almas de aquellos que sólo basan sus vidas en el trabajo porque cuando se reconocen, ya es tarde, están enfermos. Lo sentimos, queridos lectores, pero no hay empresa ni sueldo en el mundo merecedores de tal episodio.

¿Cómo evoluciona?

Casi terminando nos disponemos a tirar el penalti de la productividad como expresión del mantenimiento de la vida en el planeta. Estamos ante el esfuerzo que nos enseña a través del trabajo como experiencia que trata de la alternancia entre ocio y trabajo. Reconocimiento y compromiso de que después del descanso se rinde más.

> Estamos ante la negatividad de *la tozudez* y *la terquedad*. Por eso nuestro lado positivo deberá ecualizarse hacia una paciencia un tanto especial, la de *la* **valentía** en forma de arrojo para **saber esperar**.

Aprendizaje

Laboriosidad que viene con la intención para tomar conciencia de nuestros propios límites y responsabilidades. Ya lo dijo Gregorio Marañón, *"El trabajo hecho con sosiego es el mejor descanso"*.

Pureza

Nuestro último registro nos sumerge en el campo del *icono*. No estamos bien y nuestro más que posible abandono anterior ha propiciado que hayamos dejado de querernos, lo que nos lleva a un sentimiento de mala imagen de nosotros mismos.

Por ello estamos obligados a ir acercándonos cada vez más a nuestro ideal, a nuestro próximo y último estado de este ecualizador, *la pureza*.

En un principio confundimos los ideales con la verdadera expresión. Expresión esta que nos lleva a una represión de la manifestación del cuerpo o de la mente al intuir la pureza virginal como verdadero centro de su naturaleza real.

La conciencia está fijada en la limpieza, el orden y la perfección. El cuerpo físico no es un sitio adecuado para la expresión y casi siempre se percibirá de manera desproporcionada o falta de pureza, llevándonos incluso a la hipocondría, el orden, la pulcritud, la armonía, el esmero y la simetría. Será esta una búsqueda constante. El rubor en las mejillas nos hace reconocer de forma directa que hemos conectado con su mundo interior, que hemos adivinado sus intimidades.

¿Cómo evoluciona?

Sentimiento de vergüenza donde aparecen también cuadros de timidez, de suciedad tanto física como mental. Más allá de lo pulcro y limpio nos adentramos aquí en el campo del vicio en todas sus formas, en el que después de su consumación el individuo no se siente reconocido por tal episodio, donde llega incluso a sentir asco de sí mismo. Individuo que al haber mantenido relaciones sexuales con alguien más o menos agraciado por una belleza o condiciones físicas diferentes, le visita un sentimiento de repulsión.

Esto no hace más que justificar nuestro lado positivo del registro de la pureza, el de la **aceptación** de uno mismo con todas **nuestras imperfecciones**.

Aprendizaje

Lanzamos ahora el penalti que nos deleita con estar en la gran final de *la champion de la felicidad* donde los momentos jugados desde la *integridad, honestidad* y la *honradez* tienen la decencia de mostrarnos el sentido de la proporcionalidad y pureza desde la forma verdadera. Estos ingredientes nos enseñan que no somos perfectos con la intención de que poco a poco vayamos acercándonos al máximo del ideal de pureza pero manteniendo siempre la proporción estética de lo que corresponde. Aprenderemos a ver que la belleza está en el interior y no en el físico de la persona.

Estos estados de desaliento son absolutamente necesarios para comprender que han llegado a los límites de sus vidas. Es esto lo que nos hará comprender que nos hemos abandonado como personas por haber renunciado a tantas y tantas cosas. Le hemos fallado a nuestro honor tras haber desertado cobardemente. Todo para sentir el significado de liberación. Liberación que se expresa en toda su magnitud como forma de emancipación en la que somos rescatados de un estado absolutamente quebrantado y dolorido.

Gestionar cada uno de los estados anteriormente descritos será mucho más fácil si desde un principio se trabaja bien la autoestima. Emoción clave para que los sentimientos de culpa desaparezcan y no caigan en picado en períodos donde el deber y el trabajo por el exceso de responsabilidad se apoderen de sus vidas.

ESQUEMA PARA SINTONIZAR SU DESESPERACIÓN

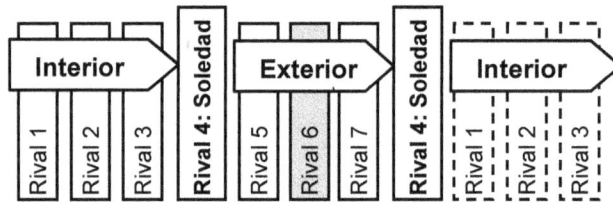

Interior	Rival 4: Soledad	Exterior	Rival 4: Soledad	Interior
Rival 1 · Rival 2 · Rival 3		Rival 5 · Rival 6 · Rival 7		Rival 1 · Rival 2 · Rival 3

ECUALIZADOR DE LA EMOCIÓN DESESPERACIÓN

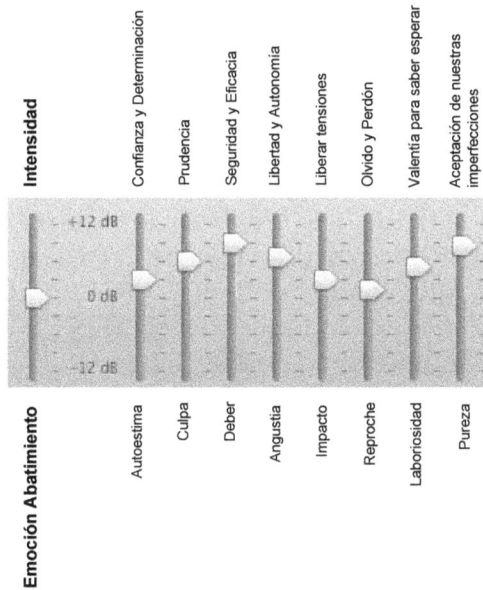

Intensidad

	Confianza y Determinación	Prudencia	Seguridad y Eficacia	Libertad y Autonomía	Liberar tensiones	Olvido y Perdón	Valentía para saber esperar	Aceptación de nuestras imperfecciones

+12 dB

0 dB

-12 dB

Emoción Abatimiento

Autoestima · Culpa · Deber · Angustia · Impacto · Reproche · Laboriosidad · Pureza

CUANDO TOMES DECISIONES, ¡RECUERDA!

- No somos coincidentes entre el pensar y el actuar.

- La perfección no es más que ignorar el efecto y el resultado producido sobre la naturaleza forma.

- El rencor retiene con la propuesta de poder tener más tarde una deuda conmigo.

- El que perdona olvida.

- La comparación es una forma de rechazo.

- La baja autoestima es una soberbia enmascarada.

- Instalamos en nuestra mente la creencia de que no somos capaces. Sensación de inferioridad que nos impide la acción.

- La culpa nos impide nuestra verdadera expresión y evitamos el hacernos responsables.

- Asumimos demasiadas responsabilidades para aparentar lo buenas personas que somos.

- No sabemos delegar en los demás. Necesitamos que todo pase por nuestra mano para que no se dé el que no se ha hecho de forma impecable.

- El rencor y la queja son el lamento de nuestra incapacidad y trasladamos nuestros errores en los otros al no poder reconocerlos como nuestros.

- No sabemos pedir ayuda ya que esto sería signo de debilidad.

"Casi todas las personas viven la vida en una silenciosa desesperación".

Henry David Thoreau

Rival 7

Sufrimiento y sensibilidad por los demás: el poder

*"Al poder le ocurre como al nogal,
no deja crecer nada bajo su sombra".*
Antonio Gala

¡Enhorabuena! Hemos llegado a la gran final.

Estrenamos indumentaria y botas. Lucimos seis estrellas doradas en el lateral de nuestra camiseta por los triunfos cosechados ante los seis rivales anteriores. Saltaremos ahora a un estadio repleto con más de noventa mil gargantas que esperan impacientemente vernos jugar. Algunos de ustedes quizás han sido ascendidos dentro de la empresa. Nuestras más sinceras felicitaciones por ello, o quién sabe si no deberíamos presentarles nuestro más sincero pésame por haber sido ascendidos a CEO, presidente o lo que sea. Millones de personas sentadas frente al televisor para verles en vivo y en directo. Excitados y nerviosos aunque extraordinariamente orgullosos, nos sentimos satisfechos por estar ahí. Estamos en la gran final y podemos sentir el aliento de nuestro último rival, *el poder*.

Ya no hay miedos, la incertidumbre ha desaparecido. El tiempo se esfuma y el futuro no importa, lo que queremos ahora es vivir cada preciso instante de esta final. La soledad no existe porque por primera vez un sentimiento especial de unidad se apodera de todo los miembros del equipo, del grupo. Sabemos que saltar al campo con la vulnerabilidad no conduce más que a la derrota. Escuchamos el himno de la alegría donde el desánimo ha desaparecido de su letra original. Tenemos frente a nosotros la oportunidad de hacer algo único. Nos sentamos en el diván de los dioses a observar el mundo y comprender el alcance del camino que hemos recorrido para llegar hasta aquí.

En un solo segundo somos capaces ahora de tomar conciencia de toda una vida. Todo lo vemos claro y el fin justifica los medios, por lo que sentimos la energía que imprime movimiento y ordena los espacios para la emergencia de la conciencia. Nos sentimos poderosos pero sabiendo que si no ganamos a este último rival, muchas de las emociones antes mencionadas volverán a apoderarse de nosotros. Tenemos pues que vencer al poder.

Comienza el partido y llegamos a un grado de expresión donde las personas nos vemos más comprometidas con lo que nos rodea. Estamos impresionados por todo lo que supone esta gran final.

El poder, la fuerza y el carácter autoritario colorean la personalidad por el hecho de estar en ella. ¿Cuántos jugadores y directivos adoptan esta personalidad cuando saben que se encuentran en su mejor momento? Se aprovechan de esa circunstancia donde el egoísmo y altruismo son los límites de manifestación en este espacio psicológico.

Comenzamos a sentir que somos los únicos responsables de nuestra vida y que debemos potenciar la acción desde nuestra individualidad y favorecer la de otros.

Comportamiento este del típico crack del equipo que cuando llega ese instante de la gran final considera que es su momento en la vida para marcar el gol que le dé el triunfo, pensando más en su éxito individual que en el del propio equipo. El ego elevado a su máximo exponente, donde una persona es capaz de tirar todo al traste en pos de su éxito individual y no del colectivo.

Así actúa el ansia. Ansia de poder donde sentimos la necesidad de demostrarnos a nosotros mismos que somos capaces de realizar cosas pagando el precio de perder la perspectiva de la globalidad. Por eso es el poder el que nos invita a desarrollar habilidades que potenciarán el crecimiento del grupo en cada ámbito donde nos estemos expresando. Aquí aparece nuestro último gran ecualizador emocional de nuestra mesa de mezcla donde el sonido de la personalidad alcanza su última expresión.

¿Cómo digerimos esto pues? ¿Cómo nos preparamos para gestionar esta gran final?

Ya hemos gestionado a otros rivales y este no difiere del resto en su forma pero sí en cuanto a la posición que ocupa en la escala de la dinámica de espiral. Es el último y por ello el primero a la vez. De nuestra capacidad dependerá que no caigamos en un círculo vicioso que nos impida evolucionar hacia el siguiente nivel de la espiral, ya que el poder, como bien saben, encierra muchos peligros para quien lo posee cuando en él está.

En él nos olvidamos de todo lo demás. Hemos hablado del poder de la fidelidad pero en su dualidad corremos el peligro de la deslealtad y la traición.

Esto alcanza su máxima expresión dentro de la clase política, aunque no por ello en todas las personas que la componen. Individuos que no se fían ni de ellos mismos, que no tienen ideologías propias y que ni siquiera comparten las de su propio partido, sino que se acobardan en el peto del poder. No tienen personalidad propia, se convierten en marionetas de su propia ineptitud.

Para hacer una buena autogestión del poder han de analizar primero el sentido de posesividad. ¿Cuántas veces vemos a partidos políticos debatiendo? *"Esto lo hizo la derecha. No, lo hizo la izquierda". "Porque nosotros fuimos los que propusimos esto y lo aprobamos en el parlamento".* Ni siquiera se paran a entrar en los hechos, cifras y argumentos que a los ciudadanos les interesan. Caen en la pertenencia de la idea y en el ego de su propio partido. Presidentes del mundo a los que el poder les ha consumido como personas. Han renunciado a todo para naufragar en el mar del poder.

Muchos de ellos estarán ahora sentados en el sofá de la sala de espera del tanatorio de sus vidas. La muerte de su cuerpo físico, ya que el vital falleció hace mucho tiempo cuando el poder les fue arrebatado, esperando que el suero que los mantienen les devuelva lo perdido mientras dicho suero del que se alimentan les mata lentamente. El perdón y el amor no están en los ingredientes de este suero. Siguen encadenados bajos los barrotes del poder de la ambición, de la codicia y de su propio egoísmo. Las sábanas de la cama de su clínica de la vida ya no contienen el algodón de la humildad.

Posesividad que les llevó al entusiasmo cuando estaban en la cumbre. Deberemos pues aprender a gestionar el grado de intensidad de la ignorancia cuando este poder nos alcance para no entrar en laberintos de los que no podamos salir. Entusiasmo que deberá servirnos para ejercer un poder digno en el que nuestro modelo de liderazgo sea un ejemplo a seguir más adelante. El verdadero líder nunca se elige a sí mismo, son los demás los que deciden acompañarle, y cuando este quiere darse cuenta, adopta el papel que le corresponde, pero sin olvidar que ya lo viene ejerciendo desde tiempos inmemoriales en los que su razón todavía no lo tenía impreso siquiera en su tarjeta de visita.

Muchas personas piensan que porque en su tarjeta ponga *director general* ya son dignos de ello. Nada más lejos de la realidad. Nada como ser director general de ti mismo. Ahí reside el verdadero poder del organigrama de la vida, donde hoy toca ser director general y mañana director comercial, asumiendo siempre que también eres y serás siempre la secretaria inseparable de todas tus emociones.

Personas que no aceptan su lado malo. Lo que les lleva a la excesiva fidelidad individual donde no ven más allá de su propio despacho. Tan fieles a su propio *Yo* que no se dan cuenta de que el mundo está cambiando y que lo que hoy está, mañana quizás no esté.

Organizaciones muy jerarquizadas favoreciendo conductas que coartan la expresión del individuo de corrientes horizontales, estando sujetas única y exclusivamente a su desempeño y reporte vertical hacia su inmediato superior.

Organigramas necesarios para mantener un control y una estructura acertada pero que cuando rebasan los límites más allá de su funcionalidad y se adentran en los terrenos de lo personal, se convierten en absolutas bombas de relojería. Efectos no inmediatos pero que con el paso del tiempo dictan sentencia, donde la mecha que parecía apagada se enciende ahora "involuntariamente" cuando menos se espera. Bomba que estalla a la hora y en el lugar exacto que la vida tenía preparado de improviso al igual que un atentado terrorista.

Típicos cambios estructurales que se producen de manera sorpresiva dentro de las organizaciones, aunque muchas veces esto no sucede debido a una estrategia preparada para afrontar ese nuevo plan estratégico, sino debido a una conspiración premeditada para aniquilar aquellos aspectos personales. Zancadillas estas habituales de líderes obsoletos que siguen fieles a estilos manipuladores sin comprender que, como un buen vino, todo tiene su tiempo y su momento. ¿De qué sirve conservar un buen vino si cuando llega la hora no nos lo bebemos? Es en ese preciso instante de bebérselo donde reside su gran éxito para ser recordado como un gran vino. De qué sirve un buen empleado si cuando lo potenciamos y sacamos lo mejor de él no lo retenemos y lo incentivamos.

A estas alturas de la película, deben saber también que es vital que sepan interpretar cuándo tienen que ir retirándose parcial o totalmente de las cosas para poder afrontar así el siguiente reto que la vida nos brinda. Cambios de equipo, de departamentos, de jefes, cambio a otra empresa. Nos referimos a nuestras propias decisiones de cambio, no huidas o cambios impuestos jerárquicamente. Cambios porque la vida es cambio, es una muy buena forma de iniciar el camino del éxito porque en ello se nos mostrarán las nuevas oportunidades que esta nos ofrece. Tendrán pues que ser flexiblemente fieles.

Recojámonos ahora desde el poder para que este no se convierta en algo totalmente destructivo de nuestra personalidad.

¿Cómo se expresa el poder según la dinámica del proceso evolutivo?

Posesividad

En un primer momento las ansias y la individualidad llevan a confundirnos el poder con *la posesividad*.

Nuestro primer registro cuyo amor posesivo se basa en la constante actitud de dar para recibir. El chantaje emocional es una constante en función de que queremos que se nos devuelva el amor que hemos dado a toda costa.

Expresamos la capacidad de dar y amar, pero siempre esperando algo a cambio. Exigimos que nos sea devuelto por nuestra entrega, amor y sacrificio.

Queremos ser reconocidos, aceptados, queridos y no basta con que se dé por hecho, debemos y necesitamos escucharlo. Precisamos del afecto constante a través de la palabra y de los hechos.

Cuando la personalidad se sumerge en la posición afectiva aparece para gestionar con habilidad y disponer del escenario que le permita ejercer el poder cercano. Individuos que piensan que como ellos quieren a un hijo, no los quiere nadie. Necesitan tenerlo a su lado como consecuencia de ese carácter posesivo.

¿Cómo evoluciona?

Se expresa en su lado más negativo hacia la sobreprotección.

> Para contrarrestar esta tenemos que pasar a una **absoluta entrega**. La **amabilidad** es el ingrediente que debe acompañar a este equilibrio, donde alcanza su cumbre más alta con la **generosidad** como el elemento positivo de este registro emocional.

Aquí reconocemos a los políticos. Ellos conocen muy bien que están al servicio del ciudadano, agenda repleta de tareas, quizás muchas discutibles, pero lo que está claro es que siempre están entregados a su trabajo como políticos, incluidos festivos y fines de semanas, cuando muchos de nosotros no estaríamos dispuestos a hacerlo ni en nuestras propias empresas.

Aprendizaje

La posesividad viene a darnos una de las lecciones más importantes de nuestras vidas, el amor incondicional. Lo que nace de uno es uno mismo, así la vida se asegura que exista un espacio de recogimiento en el seno de su propia naturaleza. Es este amor el que tiene la intención de cubrir las necesidades de las personas pero sin caer en darlo para recibir el afecto de los demás y garantizarse así el amor a los suyos en la creencia de que nadie sabrá dárselo.

Traemos a bien adelantarles extractos del próximo libro de Joaquina cuyas reflexiones son fuente de sabiduría para aquellos que ya han iniciado este camino de transformación personal donde nos habla en unas de sus reflexiones de la capacidad de amar. Elemento este esencial para conocer la auténtica verdad. *"Para saber amar hay que saber soltar, no todo en esta vida se resume en amar dando todo lo mejor de nosotros, nuestro tiempo y nuestros sentimientos, sino en saber dar lo justo y saber retener para poder seguir alimentando el infinito amor a uno mismo, algo que no debemos dejar de mimar nunca"*. La capacidad de amar es la clave de la felicidad y bienestar, es la médula del buen carácter.

Joaquina en su afán de profundizar en la capacidad de amar nos descubre que es en esta capacidad donde reside el valor, valor que nos hace capaces de soportarlo todo, ya que este nos protege, es el núcleo del ser humano. Amor que juega un doble y peligroso papel en nuestras vidas en el que miedo y ambición forman un tándem difícil de vencer. *"Ambición de tenerte y miedo a perderte"* como siempre insiste Joaquina. A través del amor encontramos la dimensión espiritual de este, que se vivencia como una fuerza que comunica nuestro propio *Ser* con el mundo, venciendo al amor propio y por tanto al egoísmo en una fusión de unidad en la que el uno es para el otro y nuestros intereses son los del mundo.

Entusiasmo

El sentimiento de pertenencia de posesividad hace que tengamos que afirmar el poder. Establecer un espacio propio a través de la transformación de nuestro mundo en un lugar mejor. Confundimos por ello las necesidades percibidas desde la identificación centrada en uno mismo con las necesidades de la colectividad. Típico esto del individuo que se expresa diciendo, *"he descubierto algo nuevo y quiero que todos participen de ello"*. Se expresa aquí el inconfundible carácter de una persona emprendedora, segundo registro este, el del *entusiasmo*.

Entusiasmo que por ser, por expresar y amar la existencia, imprime un rasgo marcado innato para explorar el mundo. No se deja nada a medias ni nada para después. Se extrae todo el jugo en cada momento. Este fuego existencial es fácil de contagiar incluso a otros que así no lo sienten, se ven arrastrados por el influjo de este tipo de personas.

Vemos cómo el entusiasmo hace que nos exaltemos de pasión para transmitir cualquier idea que sentimos en nuestro interior y a la que dedicaremos todo el tiempo del mundo necesario para convencer.

Entusiasmo también que en otras tantas ocasiones tiene un impulso no suficientemente duradero para terminar la obra o el proyecto pero con la seguridad de que más tarde habrá una nueva idea por la que seguir luchando y entusiasmándose.

La elocuencia y la capacidad oratoria llegan incluso a hipnotizar a más de uno, y este lo seguirá con facilidad. Individuos que transmiten su idea con tal fuerza que movilizan a la gente pero con el riesgo de que a veces esa dirección puede que no sea la más propicia dentro de determinados modelos de gestión de algunas empresas.

Organizaciones publicando a voces que buscan y que necesitan emprendedores. Emprendedores que en el pasado han sido condenados a un puesto de trabajo de magnitud administrativa y de reporte que no hace más que encorsetarlos en un modelo obsoleto en el que bajo ningún concepto pondrá su espíritu emprendedor a disposición de la firma que lo había fichado con tal cometido.

La empresa se descapitaliza del valor humano pero el emprendedor sigue su camino, ya que su valor y coraje le permiten siempre encontrar lo que verdaderamente le apasiona. Las empresas confunden los modelos de motivación bajo estándares aplicados por departamentos de recursos humanos que en la mayoría de los casos son un problema que alcanza a su propio modelo de comunicación interna.

El entusiasmo es pues un rasgo característico de individuos emprendedores. Películas como "Braveheart", "El Señor de los Anillos", "300", con la batalla de las Termópilas, y otras tantas en donde la ofensiva final va precedida del discurso del líder, ese caballero que hace un llamamiento al honor para vencer a un oponente mucho más fuerte y más numeroso, con el propósito de convertir nuestro mundo en un lugar mejor, donde la defensa de la libertad toma todo su esplendor. Discursos en los que siempre existe una máxima, la idea tiene que trasladarse con intensidad para que todos la sientan y la compartan de manera que todos sientan que se benefician de la ansiada victoria final cuando esta llegue.

¿Cómo evoluciona?

La personalidad del individuo no vive desde el recuerdo. Vive el instante donde la falta de atención a sus propios límites le lleva a veces al agotamiento y que puede incluso llegar a dejarle sin fuerzas tras una determinada acción.

Nos sitúa en un marco del exceso de entusiasmo que puede desarrollar una actitud rebelde y nerviosa de nuestra personalidad debido a las injusticias como parte negativa.

> Tenemos que desarrollar una capacidad extra para relajarnos a través de la **moderación** y la **tolerancia**, esa que tanto siempre invocan los políticos.

Aprendizaje

Es precisamente ese entusiasmo el que viene a expresarse para que hagamos acciones honorables en defensa del grupo.

Liderazgo

Vamos jugando y ganando pero tan seguros de nosotros mismos y tan metidos ya de lleno en la personalidad de nuestro liderazgo que sólo con el gol de ventaja que le llevamos a este rival no es suficiente para ganar la gran final. Tanta supremacía esta que se diría que estamos jugando con ciertos aires de prepotencia cuando todavía no hemos ganado aún el partido.

Dado que estamos ejerciendo el poder, ¡cómo no!, emerge la emoción *liderazgo*.

Mucho se ha escrito y dicho sobre el liderazgo. No vamos pues a desarrollarles una profunda disertación sobre el mismo, sino que al igual que hemos hecho con el resto de las emociones, el propósito de esta obra es hacerles comprender su retrato emocional.

El liderazgo saborea también la sensación de autoridad y siente el poder en sus entrañas ejerciendo su dominio creyendo que todo es válido para ello. Poder este que no busca para nada el afecto, sus palabras son órdenes y sabe cómo pronunciarlas para que la actividad fluya como está previsto y sin demora. La manipulación es constante y términos como *escrúpulos*, *culpa* o *remordimiento* no tienen cabida en su mente. No admite las órdenes y tan sólo pide ayuda cuando se siente frustrado o no consigue lo que quiere.

En cualquier caso, el poder del liderazgo no solo se obtiene por los atributos personales del individuo para ejercerlo, sino que hay que sumar de qué posición proceden las fuentes que originan las distintas clases de poder y si el individuo es capaz de controlarlas.

Y por último, el poder que viene de las relaciones sociales con nuestro entorno. La composición del poder en estas tres formas es pues lo que nos proporciona el poder de influencia de un liderazgo que deberá estar previamente fundado con sus respectivas estrategias y tácticas que lo lleven a la acción, retroalimentándonos más tarde a medida que nuestro entorno vaya cambiando.

En otro de sus libros *Los siete poderes*, Álex Rovira refleja también los registros aquí contenidos y que son: coraje; responsabilidad; propósito; humildad; confianza; amor; y por último, unión y cooperación.

¿Cómo evoluciona?

Hemos de saber ser líderes para conducir al colectivo y que este alcance su máximo grado de desarrollo donde se establezcan los valores para el equilibrio de la vida, en el que el arte de liderar consiste en la capacidad de captar, unir, armonizar y conducir la voluntad del equipo, donde un jefe no es más que un compañero con otra responsabilidad.

Nos hemos identificado tanto con nuestra postura autoritaria que no nos permite entender que hay otras personas con valores contrarios a los nuestros.

La tolerancia no está presente en nuestro mundo sin entender la convergencia de las diversas fuerzas que se soportan como parte integrante de un todo mayor que les da vida. La conciencia evolucionada ha de advertir esta necesidad y percibir la complementariedad y la tensión necesaria para que la vida emerja en la resultante de los conflictos.

> El registro del liderazgo lo equilibraremos compensando la intransigencia y la inflexibilidad del autoritarismo, dominado también este por la ambición, con el uso de dicha **autoridad** de una forma **sabia** y **comprensiva**, imprimiendo un **carácter positivo de respeto** hacia los demás.

Aprendizaje

El liderazgo viene a enseñar al líder que este nace del conocimiento de las necesidades del grupo y se pone al servicio del mismo. La *codicia* y el *egoísmo individual* no forman parte de los ingredientes de un líder sino que a través de su experiencia este reconoce su seguridad y su fuerza, siendo capaz de desarrollar de forma libre su mandato fundado en la habilidad de su poder.

"Espero que nuestra sabiduría crezca con nuestro poder, y nos enseñe, que mientras menos usemos nuestro poder, más grande será este".

Thomas Jefferson

Crítica

La arrogancia y la falta de humildad hacen que nuestro juego tan brillante se convierta de algún modo impertinente, cosa que el público comienza a sentir. Por eso, aunque les parezca mentira y aun ganando, comenzarán a recibir *la crítica*, nuevo registro este.

Todos sabemos que no importa lo buenos o malos líderes que seamos, siempre estamos ante la sombra de la crítica. *"Que si no hace esto, que no me echa cuenta de aquello, no tiene tiempo para ver conmigo el proyecto tal"*. Estas y multitud de cosas más que cuando estamos bajo el paraguas de un liderazgo mal gestionado, a causa de este poder la autocrítica no tiene espacio en la mayoría de todos nosotros cuando lo alcanzamos.

¿Qué decirles de la crítica negativa? Esa que nadie quiere nunca recibir. Pues quieran o no, está ahí. Expresada desde la aparición de la arrogancia y nuevamente de la intolerancia. Difícil papel el que tienen aquí siempre los políticos, jefes, etc. ya que desde donde hoy critican, luego son criticados. Sentimientos complejos llevados emocionalmente por las circunstancias de cada preciso instante.

No hay tiempo para taconcitos y lucimientos inapropiados. Así que mucho cuidado con cómo tratamos al rival, no sea que algún día la vida nos trate a nosotros del mismo modo. Siembra egoísmo y lo recibirás elevado al cubo cuando menos te los esperes y más daño te pueda causar este.

A ningún ser humano le gusta ser tratado de este modo y menos aún cuando va perdiendo o está hundido. Creemos que la verdad es la nuestra, por lo que cualquier visión contraria la consideramos inadecuada y falta de autenticidad.

Al no compartir la opinión de otros, nuestro carácter se impregna precisamente de la crítica creyendo que es correcta para el desarrollo del otro. Es tan contundente al presentar su verdad y los errores de los demás que tiende a desarticular al otro en nombre de la verdad.

Siempre hay algo que mejorar y compartir. Espacios o vivencias se tornan verdaderamente difíciles ya que sólo hay una forma de hacer las cosas y es la suya. El inconformismo es notable. Descubrimos de inmediato lo que para nosotros no está bien y lo dirá sin ningún tipo de remordimiento. Las personas son muy exigentes consigo mismas y con los demás. Es la humildad la que nos dará el respeto, no la victoria. El éxito de una victoria cae en el olvido, la humildad en el monumento del recuerdo.

Humildad esta la que diferencia a los directivos de máximo nivel y que muy pocos alcanzan. Nivel 5 este según la pirámide de Jim Collins donde desarrolla los rasgos de la personalidad necesarios para ejercer dicho liderazgo, en los que la humildad y la férrea determinación van de la mano, sin olvidar el reconocimiento a otros y el echarse la culpa a sí mismos.

> Ante la crítica no cabe más que trabajar con el pico de la **comprensión** y la pala de la **tolerancia**, todo bajo el casco de la **indulgencia**. Afinando un poquito más, sugerimos que en el descanso del partido de sus vidas se tomen un bocadillo relleno con el jamón de la **paciencia**. Paciencia que tenga denominación de origen.

¿Cómo evoluciona?

Aprendizaje

La crítica por su parte nos trae la personificación de la *tolerancia* como lección. Tolerancia para convivir en grupo en donde reconocemos la importancia del papel que cada uno juega dentro del mismo, en la que cada uno es elemento esencial de dicho grupo. Esto posibilita que como grupo se crezca gracias a acciones que van mejorando a medida que este se va corrigiendo.

Fidelidad

Estamos ante nuestra última expresión y por tanto la fase final del partido, *la fidelidad.*

Somos tan fieles a lo que sentimos que creemos que somos incapaces de entender que lo que hoy siento, puede ser distinto a lo de mañana en función de las experiencias vividas.

Nos sentimos identificados con los pilares que nos dan seguridad donde el modo de nuestro comportamiento es inamovible. Sin querer liderar a nadie nos sentimos satisfechos al ser tomados como ejemplo por los demás. Buscamos la perfección pero no expresamos nuestra visión a no ser que nos la pregunten. Esto nos lleva a no saber disfrutar la vida más allá del supuesto placer.

> *"Nunca trabajes simplemente por dinero o por poder. Ellos no salvarán tu alma ni te ayudarán a dormir por la noche".*
>
> **Marian Wright Edelman**

¿Cómo evoluciona?

Fidelidad esta cuya expresión más negativa nos arrastra hacia un estado en el que somos duros con nosotros mismos. La inflexibilidad nos acompaña de manera permanente, lo que nos lleva a estar sintonizados bajo la frecuencia del sacrificio hasta casi padecer una muerte por inmolación.

> Claro está, pues, tirar de tolerancia, pero esta vez con uno mismo, para actuar con flexibilidad y expresarnos hacia lo positivo de un ingrediente como el de *la* **auto-indulgencia**.

Capacidad de perdonarnos a nosotros mismos, de tolerar actitudes en uno mismo que no son socialmente aceptables.

Aprendizaje

Por último, la fidelidad, esa de la que tanto todos alardeamos pero que por el contrario nos saltamos a la torera cada vez que nos viene en conveniencia. Ser fiel a uno mismo es importante pero la verdadera expresión de esta viene a enseñarnos precisamente que no hace falta mantener ideas fijas toda la vida. La flexibilidad nace de esta fidelidad donde podemos cambiar de opinión sin renunciar a la fidelidad de nosotros mismos. Es esa flexibilidad la que nos proveerá de fortaleza y firmeza donde la disciplina nada tiene que ver con esta. Disciplina que con su actitud se expresa para que no se produzcan sorpresas a lo largo de nuestras vidas.

ESQUEMA PARA SINTONIZAR SU PODER

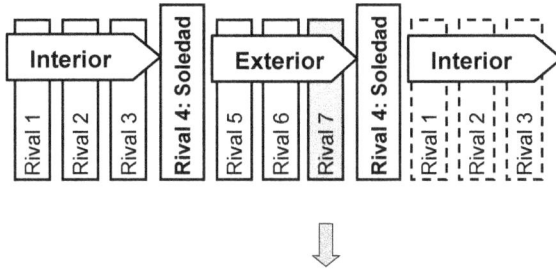

ECUALIZADOR DE LA EMOCIÓN PODER

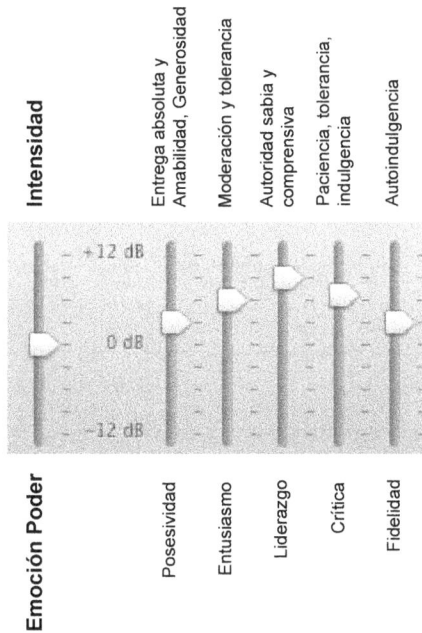

CUANDO TOMES DECISIONES, ¡RECUERDA!

- El verdadero poder del organigrama de la vida reside en que hoy toca ser director general y mañana director comercial, asumiendo siempre que también serás la secretaria inseparable de todas tus emociones.

- Liderar consiste en la capacidad de captar, unir, armonizar y conducir la voluntad del equipo, donde un jefe no es más que un compañero con otra responsabilidad.

- Es la humildad la que nos dará el respeto, no la victoria. El éxito de una victoria cae en el olvido, la humildad en el monumento del recuerdo.

- El verdadero poder del organigrama de la vida reside en que hoy te toca ser director general y mañana director comercial, pero que también eres y serás siempre la secretaria inseparable de todas tus emociones.

- Cambios porque la vida es cambio, es una muy buena forma de iniciar el camino del éxito porque en ello se nos mostrarán las nuevas oportunidades que esta nos ofrece.

- El chantaje emocional es una constante en función de que queremos que se nos devuelva el amor que hemos dado a toda costa.

- Un jefe no es más que un compañero con otra responsabilidad.

- Desde donde hoy criticamos, mañana seremos criticados.

"La llave de toda puerta es la humildad".

Alejandro Jodorowsky

Epílogo

La Conquista del Campeonato: la personalidad

"Toda persona tiene tres caracteres:
el que exhibe,
el que tiene
y el que cree tener".
Alphonse Karr

No hay rival, ha llegado la hora de recoger el premio final, de disfrutar, pero no sólo de eso, sino de reflexionar cómo lo hemos conseguido porque el año que viene toca volver a jugar otra vez dicha competición. Emociones que se habrán reforzado y que nos habrán estudiado a fondo para ganarnos la próxima vez. Aparecerán los mismos rivales disfrazados con ropajes de diferentes clubes y que ya venían disputando otras competiciones, por lo que, o evolucionamos, o nos ganarán. Estamos ante la dinámica de la evolución.

Hemos llegado al final de nuestro viaje. Un sentimiento de alegría debería aflorarles por el mero hecho del camino recorrido.

Después de sintonizar el último ecualizador de nuestra mesa de mezcla, tenemos que liberarnos de los miedos y darle al *play* para ver cómo suena la melodía que acabamos de componer. Seguros de su dificultad para sentir todos y cada uno de los sonidos emocionales que acabamos de recorrer, al menos serán capaces de notar aquellas emociones más desafinadas. Llega pues la hora de perfeccionar su instrumento musical, el de *la personalidad*.

Estados por los que pasamos cada uno de nosotros a lo largo del día, aunque no siendo conscientes de todos ellos en el preciso instante que nos visitan. No intenten vivir continuamente desde la consciencia del momento ya que en ello le va mucho los estados descritos, porque sin la "libertad del subconsciente" estos no se expresarían correctamente.

La vida es movimiento, por lo que caminaremos. Siempre habrá una esquina que doblar y un lugar nuevo a donde ir. El miedo, la incertidumbre, el tiempo, la soledad, la vulnerabilidad, la desesperanza y el poder nos acompañarán siempre. De nosotros depende cómo queremos realizar ese camino. Solos, acompañados, ricos, pobres, en multitud de formas en las que para todos hay cabida en este planeta. Mientras más libremente elijan, más libres serán. Mientras más humildes, más ricos serán, mientras de más cosas se desprendan, más cosas les llegarán. Entiendan que la píldora de la felicidad no existe, no hay medicamento, ni lotería, ni riqueza que nos haga cambiar de un día para otro proporcionándonos dicha felicidad.

Les animamos por ello a que en la medida de lo posible siempre tengan las antenas puestas en sus sentimientos para que se hagan así conscientes de sus emociones. Son estas las que les mostrarán el camino de la verdad, el que conecta el alma con la personalidad, por tanto, el que les conducirá hacia sentimientos de felicidad más frecuentados.

Consciencia necesaria para equilibrar nuestra personalidad. Entrenamiento emocional que hace más accesible la información del subyacente incrementando nuestra inteligencia, y por ello, nuestra esencia a la hora de liderar, dirigir y educar. Todo basado desde un conocimiento real de la mente, por tanto de la personalidad.

El resultado de los fenómenos psíquicos y fisiológicos a través de nuestro comportamiento, nos conduce a la formación de nuestra última reflexión en forma de epílogo, *la personalidad*. Muchas son las definiciones que pueden encontrar sobre esta, aunque por lo que esta obra oculta nos gusta definirla como la expresión del alma. Nuestra personalidad es el resultado de todos los registros emocionales que aquí les hemos formulado.

Hay quien se refiere a ella como el resultado del temperamento y del carácter que un individuo posee, y que también tiene como ingredientes los diferentes estados emocionales que esta obra contiene, aunque catalogados de manera distinta. En cualquier caso y bajo esta perspectiva, definimos el temperamento como el resultado del ser humano cuando este interactúa de forma natural con el entorno pero en el que no influyen los factores externos, pudiendo ser este hereditario. Es la capa instintivo-afectiva de la personalidad, en la que la inteligencia y la voluntad modelarán el carácter, sobre el cual sí influye el entorno a diferencia de lo ocurrido con el temperamento.

Por otro lado el carácter también definido como *"el sello que nos identifica y diferencia de nuestros semejantes producto del aprendizaje social"*, es lo que nos hace pensar que somos individuos únicos.

Debido a la influencia del entorno sobre este, es lógico afirmar que pasa por un proceso evolutivo que se desarrolla hasta llegar a su completa expresión donde hay quien lo sitúa en el final de la adolescencia. El carácter pues es el conjunto de las disposiciones psicológicas que nacen del temperamento, modificado por la educación y el trabajo de la voluntad y consolidado por el hábito.

¿Recuerdan el juego de la Oca o el Parchís? Cuando parecía que ya habíamos ganado, caímos en la casilla que nos devolvía al punto de partida, o nos comían la última ficha que estábamos a punto de encasillar. Lo mismo ocurre con nuestras emociones. Dinámica de espiral que como si de un muelle se tratara, nos invita a alcanzar el siguiente nivel evolutivo en altura en el que comenzamos nuevamente el ciclo emocional.

Siempre hay una cara en el dado de la vida que si sale, nos devolverá a nuestro estado inicial. Del conocimiento de nosotros mismos depende si queremos seguir jugando y aceptar que hoy no se ha ganado pero que mañana puede que sí lo hagamos. Que en el sendero de participar está el éxito de vivir.

El doctor Piedrabuena señala la importancia del desarrollo de la personalidad en la que se consideran dos tipos de influencias. La primera de ellas se relaciona con la presencia o ausencia de una figura confiable, quien proporciona la base segura al individuo, y la segunda se refiere a la capacidad de este de reconocer cuándo otra persona es digna de confianza.

Esto nos lleva a subrayar la importancia que tienen los primeros vínculos afectivos para el posterior desarrollo de la personalidad. Vínculos que se empiezan a sentir desde el desarrollo uterino de nuestra progenitora. Vínculos cuya naturaleza entre bebé y madre es la expresión del apego, expresión esta nombrada por multitud de autores como Teoría del Apego.

En una ocasión nos llegó un artículo de M. Isabel Zulueta, psicóloga de la Fundación Síndrome de Down de Madrid. Trabajo en el que brevemente nos invita a realizar un pequeño viaje al entendimiento de la relación madre-hijo en el caso del nacimiento de un bebé con problemas. Sin profundizar en las cuestiones relacionadas con el Síndrome de Down, sí quisiéramos destacar los problemas emocionales que se generan y la dificultad de los sentimientos de las familias a raíz de dicho suceso.

Todo esto viene a demostrar no sólo la importancia que las emociones han tenido y tienen a la hora de moldear nuestra personalidad. Bender y Erickson dicen así: *"El bebé presentará problemas en sus futuras relaciones si las experiencias vividas en el seno de la relación padresniño no le han dado la certidumbre íntima de que las necesidades de dependencia pueden ser adecuadamente satisfechas"*.

Pediatras y psicoanalistas como John Bowlby, Donal W. Winnicott, Berry Brazelton, entre otros autores destacados, señalan cómo en nuestro primer período de vida ya existen unas necesidades corporales ligadas al desarrollo psíquico del *Yo*. Es el comienzo pues de la unión entre la vida psíquica y la física. Esta unión es lo que Winnicott llama *personalización*.

Se afirma que a partir del quinto mes del embarazo, justo cuando el bebé comienza a moverse, es cuando se inicia el vínculo más temprano. Vínculo al sentir un ser separado y, por tanto, la posibilidad de una relación.

Se trata de una transición que durará toda la vida. Espacio que más tarde ocupamos con actividades lúdicas variadas. Actividades para aplacar la tensión constante originada por la puesta en relación de la realidad del adentro con la realidad del afuera. Tenemos que asimilar como parte de nuestro patrimonio genético que los problemas de un adulto tienen su raíz en las dificultades de la infancia. Del mismo modo que nacemos con un patrimonio social de una relación de intercambios entre bebé y padres.

Observamos cómo madres frustradas sin que se den cuenta y bajo escenarios de continua negativa y prohibición no hacen más que incrementar las probabilidades de que su hijo desarrolle un trauma acumulativo. De ahí la importancia que la educación emocional juega en aquellas madres sin sintonía y carentes de una comunicación que sea capaz de transformar formas de vivir hacia un desarrollo positivo de la mente con objeto de evitar trastornos y personalidades traumatizadas.

Los padres deben aprender a manejar el *Yo.* El *Ser,* que cada hijo lleva en su interior, lo que nos lleva a que la no aceptación de los errores y el exceso de apegos junto con relaciones pobres y limitadas se pueden comportar a veces como los narcóticos más mortíferos en el desarrollo de su personalidad. No pretendan que bajo este paraguas de excesivo control sin libertad infantil, luego obtengan el hijo deseado, sino que apunta a una más que absoluta revolución de rebeldía y subordinación donde la batalla ya la perdieron muchos años atrás. Sus hijos eligieron lo malo porque ustedes hicieron que temiesen lo bueno. Los privaron de su experiencia creyendo que los protegían cuando en realidad los han alejado de ustedes.

> *"El apego es el vínculo emocional que desarrolla el niño con sus padres o cuidadores y que le proporciona la seguridad emocional indispensable para un buen desarrollo de la personalidad".* Siendo estas carencias en la calidad de la interacción madre-hijo y su influencia sobre la formación del apego, decisivas para el buen conformar de la personalidad.
>
> **Dr. J.A. Rodríguez Piedrabuena**

Más allá de la teoría del apego, esta obra trata sobre la personalidad del alma, la que se expresa a través de nuestras emociones y que podemos gestionar aquí y ahora.

La personalidad para Bach, en concreto el tipo de personalidad que facilitará el aprendizaje o la correspondiente adquisición de una lección para el alma, es un tipo de fuerza consustancial al alma que emerge con la vida en el acto del nacimiento humano, ligando la visión característica de este principio a la manera particular de ser y actuar en la tierra.

Esto nos lleva a citarles uno de los animales más maravillosos de este planeta y que refleja claramente a modo de ejemplo cómo se expresan las emociones en un individuo desde su interior en función de su entorno exterior. Hablamos del camaleón. Como si de un camaleón se tratase, toda emoción se irradia en el cuerpo a través de nuestro cuerpo emocional.

Juego indescriptible de colores irisados que cambian constantemente con toda clase de matices emocionales como la angustia, la ira, las preocupaciones, etcétera. Cuanto más abre una persona su conciencia al amor, la entrega y la alegría, más claros y transparentes son los colores que irradia su cuerpo emocional, por tanto mayor capacidad y facilidad de adaptación a las circunstancias de la vida.

Los neurólogos han podido observar anomalías en una zona cerebral. Anomalías de personas que en lugar de mostrar una actividad cerebral adecuada a la intensidad emotiva de la situación, como es el caso normal, manifiestan una actividad o demasiado débil o demasiado intensa, que trastorna la apreciación justa de la experiencia emocional.

Desorden neurológico consistente en la incapacidad de una persona para identificar sus propias emociones, y por ello, la imposibilidad para darles expresión verbal. Trastorno muy extendido hoy en día, y del que datan que afecta a una de cada siete personas. Hablamos de la *Alexitimia*.

Por último y para terminar, reflexionamos sobre dos notas musicales que no deben faltar nunca en la partitura de su personalidad:

> 1. Intuición.
>
> 2. Autenticidad: Ser.

Intuición

Es el conocimiento que no sigue un camino racional para su construcción y formulación y por tanto no puede explicarse o incluso verbalizarse.

Es esa inteligencia que nos conecta directamente con el Alma y con el camino del corazón, un camino que nos hace vivir en la inseguridad, renunciando al pasado y dando paso al futuro, empezando con un sutil movimiento, despegando la mirada de lo externo, lo material, y volver los ojos hacia el interior en busca de eso que me habita, en ese rincón del alma donde se une mi *Ego* con mi *Ser*, que me llena y me explora, para aprender a celebrar mi existencia como un don, donde todo lo que me llega me nutre. De todo aprendo y crezco.

Si somos capaces de que nos sirva de inspiración en esos momentos decisivos, en esos instantes de vida, de toma de decisiones que pueden cambiar el rumbo de nuestras vidas, de nuestras empresas, en definitiva de nuestros tiempos de partidos, momentos en los que hemos de aparcar un poco el sentido del deber, la responsabilidad, el buen hacer y dejarnos llevar por ella, encontraremos una fórmula mágica. Mezcla perfecta, sintonía armónica para que la vida siga fluyendo por donde tenga que ser, y no sea un sendero con fuera de juego, sino un penalti que nos dicte el alma para que volvamos a retomar el centro de nuestro *Ser*.

Autenticidad

Las crisis pasadas así como la que hoy vivimos a nivel mundial, no se debe sólo a causa de cuestiones económicas y/o financieras o de índole política, sino que detrás de todo está la intervención del ser humano, que como tal es el único responsable de las decisiones que han llevado a este maravilloso desastre y modelo totalmente agotado en lo que a la gestión de los recursos humanos se refiere.

En más de una ocasión se ha dicho que lo importante no es fichar al número uno o hacer lo correcto, sino saber a quién o aquello de lo que tienes que prescindir. Así pues, les sugerimos prescindan de la palabra humanos de dicha denominación de aquellos que no son dignos de gestionar a personas, y si no, háganse esta pregunta y contéstenla con absoluta sinceridad: ¿Les ha preguntado alguna vez el departamento de recursos humanos de sus empresas a lo largo de sus carreras profesionales después de tantos años si les gustaba lo que estaban haciendo y qué les gustaría seguir haciendo en la empresa en los años venideros? ¿Se han acercado para saber cuáles eran sus pequeños problemitas personales más allá del día a día y de sus responsabilidades para y con la empresa? Cuántas veces vemos personas que han sido ascendidas a directores generales cuando realmente no lo deseaban y los que verdaderamente querían tuvieron que marcharse en búsqueda de nuevas oportunidades. Departamentos que tienen la habilidad de enviar a la persona originaria de Madrid a Barcelona, la de Barcelona a Bilbao, y el de Bilbao a Madrid, formando círculos viciosos que tarde o temprano caen por su propio peso. Amén de personas expatriadas con familias que no desean más que un digno trabajo en el lugar en el que viven y poder compartir más tiempo con sus familias. En definitiva, multitud de circunstancias y casos cotidianos a pie de calle que no hacen más que deshumanizarnos cada día más. Con todo el respeto para los que desean y quieren apostar por un modelo diferente pero que nunca deba estar impuesto. Necios los que así lo vean.

Nosotros los autores de esta obra asumimos nuestra inexperiencia en aquellos aspectos de los recursos humanos de las empresas reconociendo que hay otros muchos factores que juegan a su vez un papel importante para hacer todo lo posible, porque el equilibrio y sinergia entre empresa e individuo sea lo más efectivo posible para ambos. Ahora bien, apelamos a la falta de autenticidad de muchos de estos departamentos convertidos hoy en máquinas de gestión administrativa de códigos humanos, donde las personas simplemente poseen un número de expediente. Los empleados pasan así a la larga lista recaudatoria de la hacienda privada de dicha empresa, en la que todos los años patrocinan nuestra declaración de renta de eso que llaman *nuestro perfil de competencias*, donde los test, cursos, evaluaciones, así como los famosos *feedbacks* 360º, etc. conforman nuestro expediente humano.

No enjuiciamos la labor de dichos departamentos, aunque no les vendría mal fichar a personas que tengan un poco más de conocimiento de aquellos aspectos referidos a todo lo relativo al humanismo, ligados estos a otras muchas escuelas del pasado y donde personalidades como Dante, Petrarca y Giovanni retoman el antiguo humanismo griego del siglo de oro. Donde Paracelso, Erasmo de Rotterdam, Juan Luis Vives y otros muchos también tienen su minuto de gloria en la historia en esto que llaman recursos humanos, o por qué no, el mismísimo Antonio de Nebrija, que logró renovar los métodos de enseñanza de las lenguas clásicas en España.

Al igual que a un financiero se le exige que sepa de finanzas, a un médico que lo haga de medicina y a un ingeniero agrónomo, por ejemplo, que sepa de agricultura, pues por qué no exigir también a una persona que va a ocupar un cargo para gestionar a seres humanos que demuestre su bagaje en determinados rasgos del humanismo, psicología y otras disciplinas que les hagan verdaderamente valedores de portar una tarjeta que ponga *Expertos en la gestión de seres humanos*.

Apelamos por tanto a la falta de comunicación emocional que existe hoy en día por parte de las personas que nos lideran y nos guían en nuestro devenir de lo cotidiano, ya sean padres, jefes, entrenadores, terapeutas, mentores, psicólogos, etc. Ignorancia emocional que ocasionará complejas anomalías conductuales de adaptación individual y colectiva. Falta de motivación, invalidez para el aprendizaje, incapacidad de amar, escasa conducta social, rivales a los que nos enfrentaremos a lo largo de la vida. Estas anomalías están presentes en todos y cada uno de nosotros. En algunos de manera latente. Estados emocionales enmascarados por diversos motivos que a buen seguro se manifestarán cuando aparezcan los momentos de crisis, derivando esto en la desestructuración de la personalidad del individuo.

¡Recuerden!

Nuestra personalidad es el resultado
de todos nuestros estados emocionales.

Punto y final.

¡Perdón! Punto y PRINCIPIO…

"Soy una parte de todo aquello que encontré".

Alfred Tennyson

Nos despedimos con un hasta pronto, esperando compartir todo nuestro tiempo con muchos de ustedes en las citas que abordaremos relacionadas con nuestro trabajo. Muchas son las conexiones que hacemos en este libro, les aseguramos que ninguna de ellas de manera casual, sino con el propósito de guiarles por caminos que ya hemos recorrido y cuyo paisaje queda aquí reflejado.

La vida se encargará de equilibrarles y recompensarles por ello, pero no esperen un lugar y una hora para quedar con ella. Dejen que se exprese sola y se sorprendan de toda su magnificencia. Ahí reside la llave del éxito. Nada tenemos y nada somos. Todo lo que nos ha sido dado es porque ella ha querido regalárnoslo. Ella es la que decide, tú sólo trata de actuar para que cuando ella decida, tú ya estabas allí, mientras otros rumorean con el término suerte.

Con el mejor de nuestros deseos
de poder compartir destinos con
todos nuestros lectores

Joaquina e Ignacio